ほじくりストリートビュー
ザ☆フューチャー

能町みね子

交通新聞社

はじめに

タイトルだけ見ても内容がよく分からないこちらの本は、私が地図で見て気になったところにただ行ってレポートするという、それだけの連載をまとめたものです。

しかし、私が気になるところというのは、おいしそうなお店や絶景スポットなどではなく、**「傾斜地にある住宅地」「配置が気になる団地」「住宅地になぜかあるトンネル」「地図上で見てもどうなっているのか分からない道」**といった類のものです。

首都圏のそんな場所を毎月毎月ほじくり出して、グーグルストリートビューを自ら実践するように現地に行って、雑誌『散歩の達人』でレポートしていたら、ついに２冊目の本になりました。その名も**「ほじくりストリートビュー　ザ・フューチャー」**。

なぜ第２弾が**「ザ・フューチャー」**なのか？

私は昔ながらの入り組んだ細い路地とか、昭和の団地とか、遺跡とは呼べない程度の古いものが好きでこういう散歩をし続けているんですが、それは別にくよくよ過去にこだわっているわけではないのだ！　未来を味気ないものにしないために、過去をちゃんと踏まえて、**明るい未来のために**こういうことをしているのだ！　と！　いうことで！**「フューチャー」**をつけたのです！　そういうことです！（勢いで言ってます）

この本で取り上げるような場所ってどんどんなくなっていきますから、みんなで愛《め》でましょう！　未来のためにー!!

Contents

街の章

築の章

路の章

本書は、月刊『散歩の達人』連載「東京リアルストリートビュー」「ほじくりストリートビュー」(2017年4月号～2020年8月号)に、加筆・修正したものです。本書掲載の地図は本文の内容に合わせ、連載当時のものを使用しているため、現在のものと変わっている場合がございます。

Index **map**

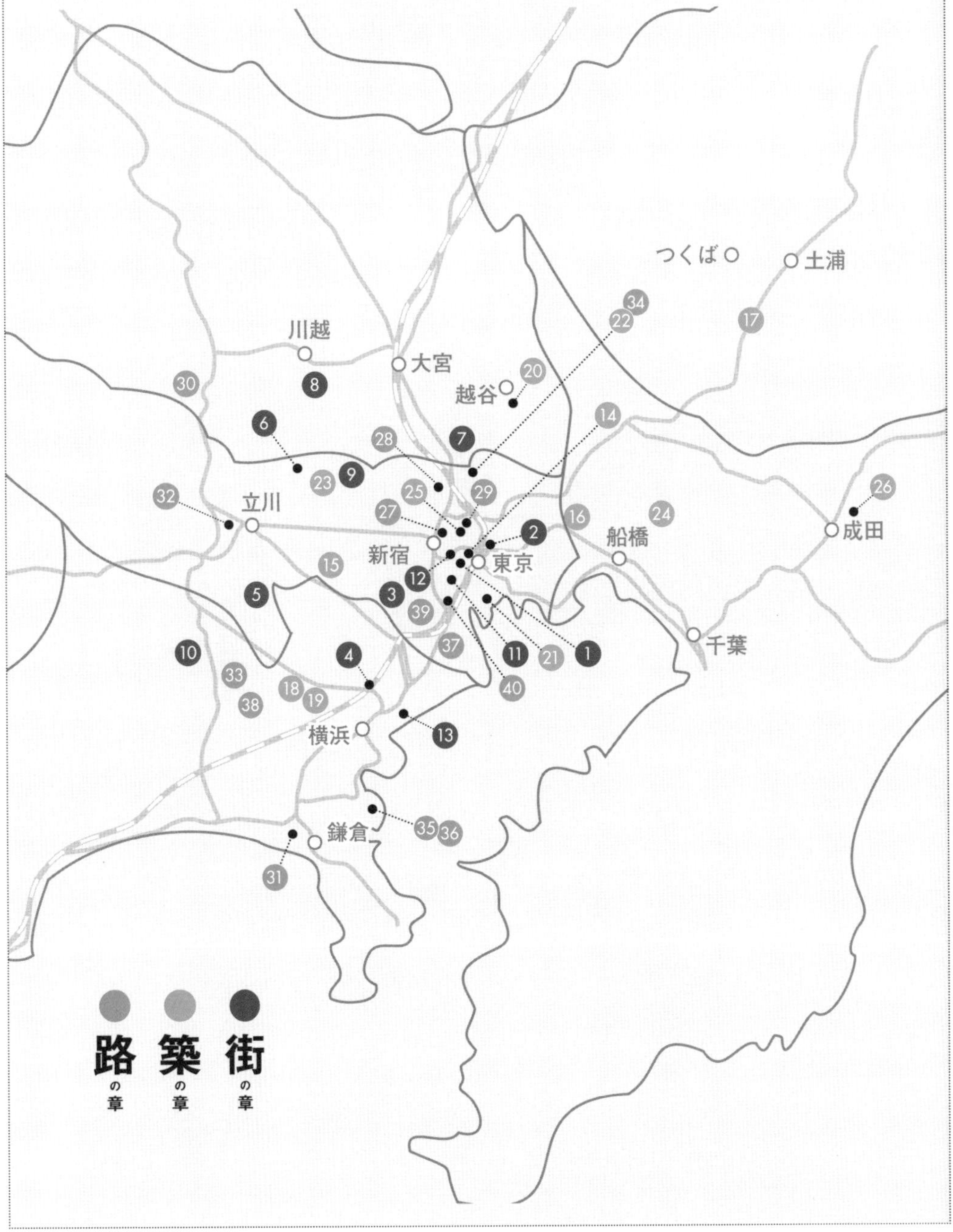

2

1

3

1.ここはバスの終点。その後バスはトンネルに入り、出口でUターンしてまたトンネル通ってここに戻ってくる。（→vol.36） **2.**池あってこその魅力的立体構造・竹山団地。（→vol.18） **3.**玉川学園の住宅地にはこんな長く麗しい階段がたくさんある。（→vol.5） **4.**我善坊の路地にある品の良い邸宅の後ろに、荒っぽく開発の手が迫る。（→vol.1）

7

5

6

5.公園をいろどる、カラフルな「わからないもの」たち。（→vol.6） **6.**歩道橋のようなものが、川を埋め立てた底の道へめり込んでいく。（→vol.28） **7.**何十年と地下に閉じ込められていた彼らが白日の下に！（→vol.40） **8.**団地敷地内に屋外プールがあった時代もあったのだ。笹山団地。（→vol.19） **9.**キャベツ畑の隣の新横浜駅、その向こうはピカピカの街並み。（→vol.4）

9

8

10.木造住宅、路面、昭和30年代の景色として使えそうな貴重な一角。（→vol.17）**11.**そそりたつ壁の右も左も米軍用地。川の跡ではなさそう。（→vol.33）**12.**街なかにロータリーがあると興奮します。（→vol.32）**13.**片側5車線の極太道路に路駐の嵐。右側車線や逆走状態で路駐。路駐天国。（→vol.13）

HOJIKURI
STREET VIEW
THE FUTURE

街《まちなか》の章

HOJIKURISTREETVIEWHOJIKURISTREETVIEWHOJIKURISTREETVIEWHOJIKURISTREETVIEWHOJIKURISTREETVIEWHOJIKURISTREETVIEW

手違いで残ってほしかった……
魔の手が迫る奇跡の空間

course

旧麻布我善坊町の谷底の路地

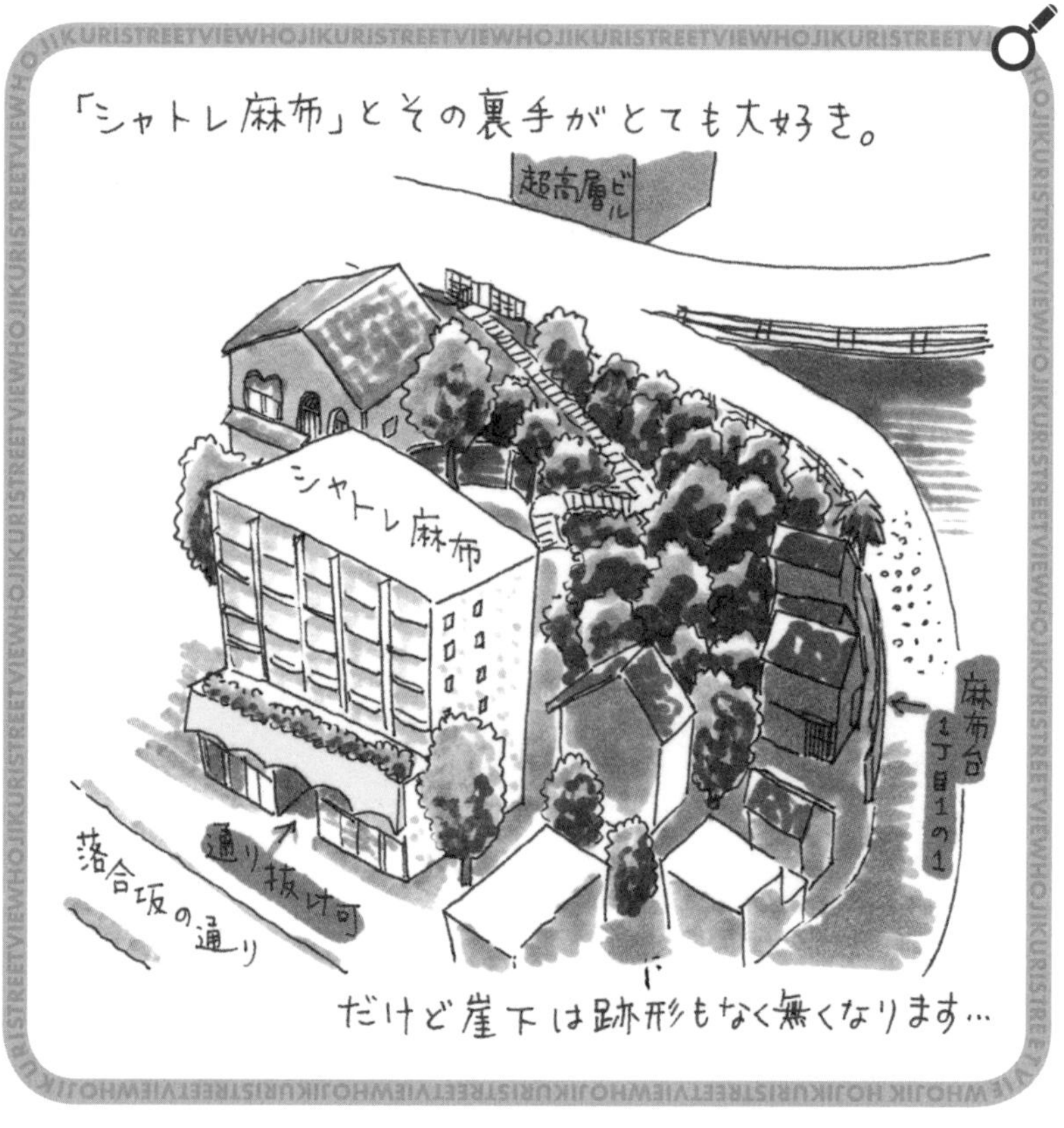

建物が取り壊され、
フェンスだらけに……。

ただただ好きで、定期的に観察している場所に、「我善坊町の路地」と呼んでいる一角があります。最寄り駅は神谷町と六本木一丁目。このあたりの旧地名が「麻布我善坊町」という味のある名なのです。高層ビルに挟まれ、まだ残っているのが奇跡といっていい谷底の地域で、西側の道には落合坂という名前がついています。

ここがすごいのは、ほとんどの住民が立ち退かされ、あらゆる建物に「立入厳禁。巡回警備実施中。森ビル（株）」という掲示がお札のように貼られたまま10年近く放置されているということです。

私は初めてここを知ったときから「この路地も先は長くないんだろうな」と思っていたけれど、何かがうまくいかなかったのか、ずっとそのままの状態。そのせいで、一部はゴーストタウンのようになっています。

私の定番ルートは、神谷町から入るパターンです。このあたりは、かつては民家が密集して賑《にぎ》やかだったはずだけど、今は空き家ばかりで、放置されすぎてあちこちの建物が蔦《つた》だらけ。建物が取り壊された区画も多く、その跡地はフェンスで囲まれているため、細路地だった部分だけ

どこかリゾート地
のような優雅な
マンション（今はない）。

麻布台1-1-1。
ずっとキレイに
整えられていました。

がフェンスの外側に取り残され、迷路のようになっています。

北を見上げればすでに高層ビルがのしかかるように立っており、魔の手がそこまで来ているのが分かります。散歩趣味の者としては、歩いていてもひたすら悲しくなってしまう道なのですが、まだこの一角は死んだわけではない。かろうじて住民もいます。

この一角で、特に私が好きなポイントは、北側へ上る急坂の、「麻布台1丁目1の1」という嘘《うそ》みたいな番地にあるものすごく古い木造一軒家。そして「シャトレ麻布」「麻布センチュリーマンション」「麻布中央マンション」などの、実に味のあるヴィンテージマンション群。中には、すでに住民が追い出され、フェンスでふさがれたマンションもあるけれど……。

この歴史ある坂も
まるごと
なくなってしまう。

メルヘンチックな谷底は再開発で夢のあと

木造一軒家のある坂をのぼりきると、そこから崖の下におりていくための小さな階段がありま

茂みのなかを
下りていく
良い階段。

す。ここは「シャトレ麻布」の敷地内で、住民だけが使える階段のようです。階段沿いには木がたくさん生い茂っていて、建物の雰囲気もあいまってどこかメルヘンチック。

私はかつてこのマンションに本気で住もうかと思っていました。場所はものすごくいいけど、マンションがかなり古いので家賃はそんなに高くなかったのだ。もし住んでいたら、立ち退きさせられたんだろうな……。

西に進みながら、のんびりした景色を見ては癒やされ、森ビルのお札を見ては落ち込む。激しく気分を上下させつつ、西の麻布通りにぶつかったら通りは終わりです。

この空間、何かの手違いでこのまま残ってくれないかな……と私は淡い期待を持っていたのですが、ついに来年（2018年）から森ビルと地区の再開発組合により着工（というか大破壊）が始まるみたい。完成予想図を見る限り、道も区画も何もかも、跡形もなく徹頭徹尾つぶされ尽くすようです（怒りがこもっていてすみません）。見に行くなら今のうち。

……と、連載のときには書いたのですが、今はもう一切何の痕跡もありません。

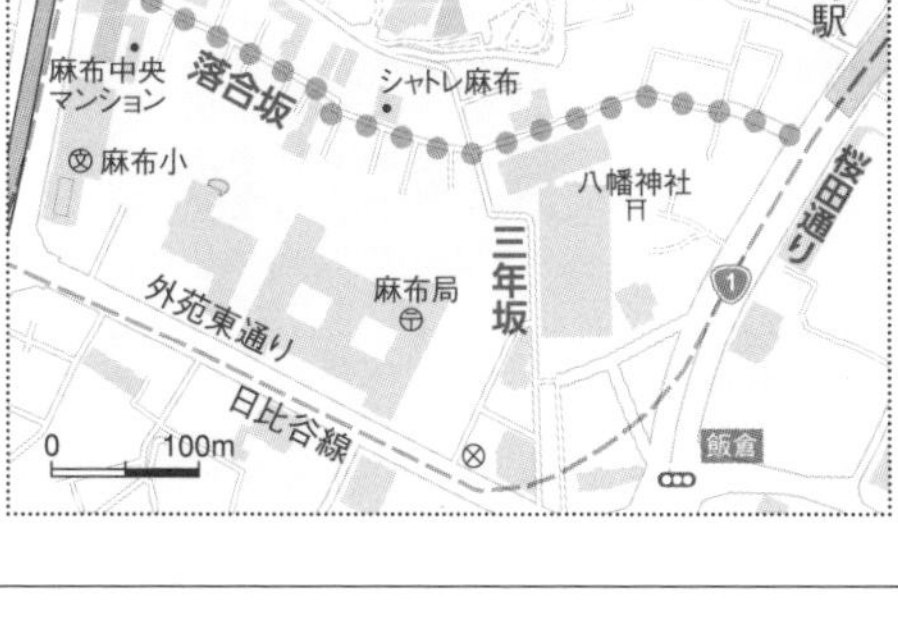

[2017年7月取材]

HOJIKURI STREET VIEW THE FUTURE

HOJIKURISTREETVIEWHOJIKURISTREETVIEWHOJIKURISTREETVIEWHOJIKURISTREETVIEWHOJIKURISTREETVIEWHOJIKURISTREETVIEW

どれだけプライド持って生きてるか。それが見たいんだ！

course

神田の細かい地名密集地帯

美倉町、
重厚な一番地。

私の住む新宿区の牛込界隈は、江戸時代からの古い地名がわりと多く残っております。港区や文京区は大半の地名が淘汰《とうた》されてしまい、少ない地名でざっくりした区分けになっていますが、牛込近辺は地図を見て分かるとおり、地名が多くてかなり区分けが細かいのです。私、牛込のそういうところが好き。

しかしそんな牛込でも敵《かな》わないのが千代田区神田の一部。秋葉原駅近辺から神田駅東側にかけて、かなり細かい地名が密集して残っています。単純に面積で比べると、牛込地域で小さいのは東榎町（０・０１３４㎢）や細工町（０・０１６３㎢）などですが、今回歩いた神田駅東地域の中の、神田西福田町（０・００５４㎢）、神田東紺屋町（０・００７２㎢）、神田美倉町・神田北乗物町（どちらも０・００７８㎢）あたりはもっと極端に小さい。ということで、この四町について調べてきました（以下、適宜「神田」は省略）。

何を調べたかって、歴史とか、地名の由来とかじゃないです。そういうのはわりと調べてる人多いし。私はこんな小さ

ちょっと
古い町名看板。

思いっきり
レペゼン
東紺屋町。

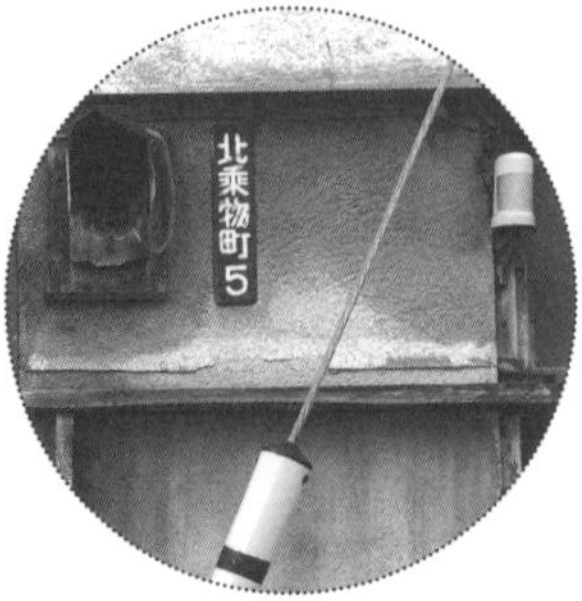

p19の写真より
もっと古い
町名看板。

な地名が、現場でどのくらいプライド持って生きてるかが見たいんだ！

　ＪＲ神田駅で下車し、南側から攻める。小さな美倉町には、なんと誰もが知る大企業・フマキラーの本社があります。「神田美倉町一番地」と筆文字で書いたかっこいい表札をはじめ、「美倉」の字はあちこちに見える。小さいながらもプライド持ってやってるようで、私は満足です。

　その北、いちばん小さな西福田町へ。信号標識に「西福田町」と書いてあるのは目立ちますが、それ以外に町名の文字はほとんど発見できません。歩き回って、やっと表札一枚、ビル名を一つ見つけた程度。しかし、なぜか中央区内にある「福田稲荷神社」には、西福田町の元となる「福田」という地名の歴史がなんと１３００年以上に及ぶことが記されています。西福田町、もっとプライドを！

この道が
西福田町の
メイン通り(?)です。

周囲のプレッシャーに負けるな、がんばれ！

　東紺屋町は、昭和通りに「東紺屋町」と書かれた歩道橋があるほか、古い商店に、店名よりも目

美倉・西福田は小さすぎるので、二つ合わせて一町会（昭和町会）になっている。

立つ形でどーんと「神田東紺屋町27番地」と書いてある看板があります。すばらしいアピール。しかし、町内には「神田槙町トライアングルタワーズ」という新しいビルも立っています。調べた限りでは過去に「神田槙町」という地名が存在したことは一度もなく、由来がはっきりしない。

四町でいちばんプライドが高そうなのは北乗物町でした。千代田区も「町名由来板」なる看板を立て、長文で泉麻人さんが解説文を寄せて後援（？）しています。確かに由来の気になる個性的な地名です。その後ろの花壇には「北乗物町々会花壇」の看板があり、「北乗物町町会」と大きく書かれた倉庫もある。しかし、なんとこれらがあるのはすべて東紺屋町内です。東紺屋町、謎の「槙町」の件も含め、他の町名からかなりプレッシャーを受けている。がんばれ。

四町を巡り終え、私が一息ついたのは『カフェ・ド・リンダ』。四町内で随一の、メニューの豊富な古き良き純喫茶です。このお店はなんといちばん自己主張の少ない西福田町にあるのでした。西福田町、リンダで町おこしだ！　と思っていたのですが……（以下、※参照）

※『カフェ・ド・リンダ』は残念ながら閉店。同地には、建物はそのままで別の喫茶店が営業しています。

［2018年9月取材］

HOJIKURI STREET VIEW THE FUTURE

HOJIKURISTREETVIEWHOJIKURISTREETVIEWHOJIKURISTREETVIEWHOJIKURISTREETVIEWHOJIKURISTREETVIEWHOJIKURISTREETVIEW

田園調布らしからぬ
ずばぬけて素朴な商店街

course

川沿いの低地にある田園調布商栄会

唐突に現れる
癒やしの本屋さん、
玉泉堂。

「田園調布商栄会」という名前でどんなものを想像しますか。田園調布ですもん、そりゃもう高級店が軒を連ねているような街を想像しますよね。

　しかし「商栄会」は、「田園調布」の名のイメージに反してかなり素朴なようなのです。というか、田園調布にはほかにも３つ商店街があり、実はどれも素朴なんですけど、商栄会はずばぬけています。立地も田園調布らしくなく、行ってみたい魅力にあふれています。

　私がここを発見したのは古地図を見ていたときでした。田園調布という街は大正時代に台地の上に造成された歴史ある高級住宅街。しかしそれ以前の様子を見てみると、台地上には家は少ししかなく、むしろ西側の崖下（国分寺崖線の下）に集落があったことが分かりました。今はまず聞かない、宝来、新居里、庵谷という地名も見られます。このあたりって今はどんな感じなのかな？　と調べていて「商栄会」の存在を発見したのです。

　と、前置きが長くなりましたが、田園調布駅の美しい建物を眺めつつ、西口から目的地に向かいます。

　すばらしく整った西口の高級住宅街には、コ

急な坂、
その名も急坂。
眺めは最高。

急坂の下に
急に現れる
商店街の入口。

ンビニをはじめ、商店が全くない。そりゃそうだ、景観的にも難があるし、こんなお屋敷に住んでたらコンビニは要らないよね。歩いている人もほとんどいない。みんなお車なのかな。

少しお屋敷が小さくなってきたあたりの、商店街でも何でもない交差点の角に、突然非常に古い本屋さんが現れる。れっきとした新刊書店である玉泉堂書店さん。木造2階建て、木の引き戸、店先の大きな銀杏《いちょう》。奇跡的な昭和の景色。ここもものすごく気になりますが……今回は飛ばして目的地へ。

堂々と田園調布を名乗ってください！

しばらく歩くと急に視界がスコーンと開け、崖のような坂が多摩川に向かって落ち込んでいます。すばらしい見晴らしのこの坂は、その名も「急坂」！　標識にもそう書いてある。もう少しいい名前つけてあげられないものかね。

坂を下りていく途中にアパートも登場して、急

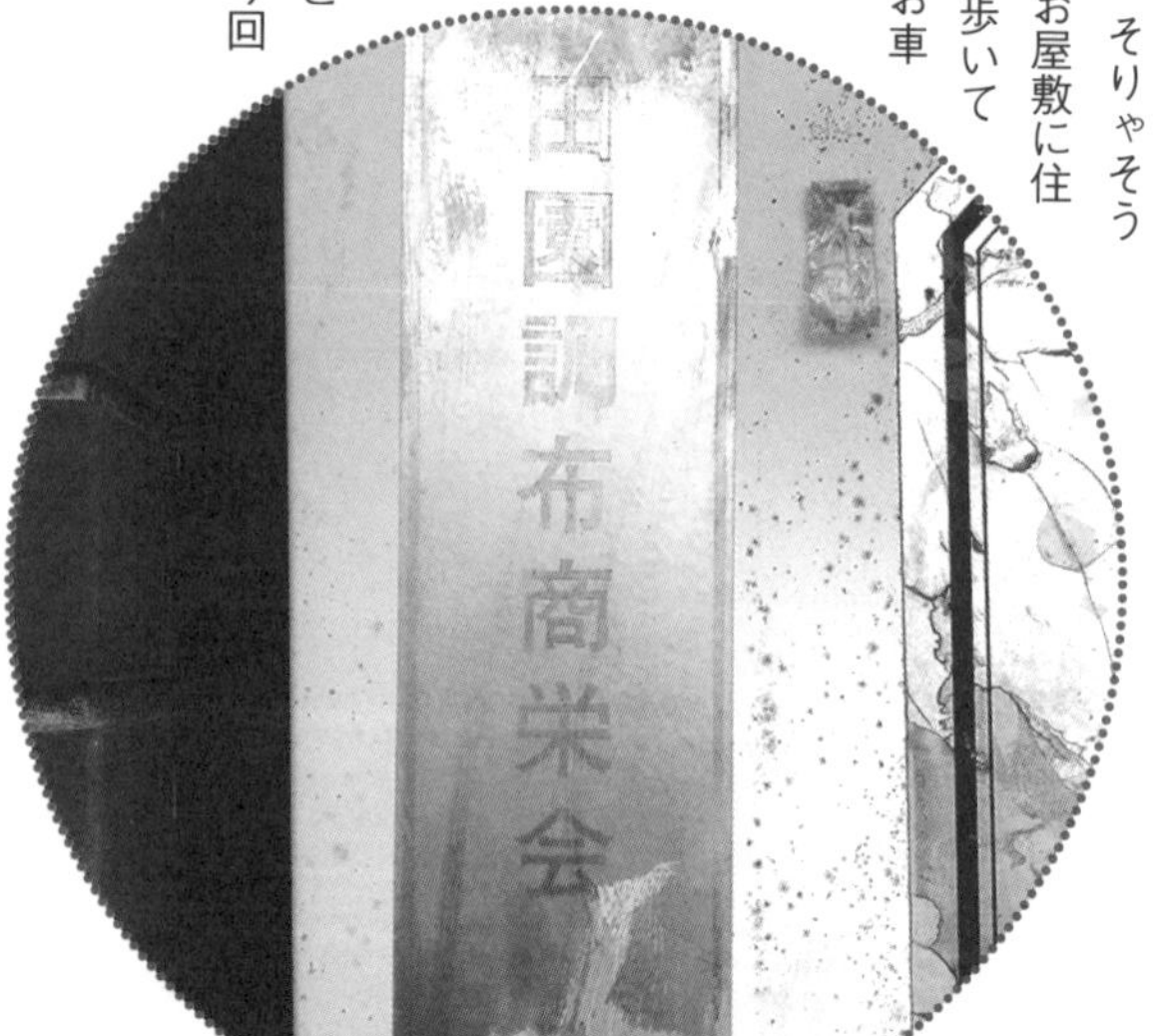

唯一この
ステッカーだけが
商店街の名を名乗る。

ブロック塀がかわいい長屋、ここも住所は田園調布。

に雰囲気が庶民的になります。坂を下りきったところの橋の名は「庵谷橋」。ここに集落名が残っているんですね。そして、庵谷橋を渡った先にあるのが商栄会なのです。

川沿いの低地だけど、住所はしっかり田園調布。規模は小さいけれど、中華屋、八百屋、パーマ屋、鰻《うなぎ》屋、和菓子屋、不動産屋兼タバコ屋などが並んでおり、しっかり「商店街」です。喫茶という名のカラオケスナックがあるのもよい。こちらにもコンビニはなく、それもよい。人通りは高級住宅街より多く、タバコ屋の店先では近所の人たちが井戸端会議。下町商店街として文句なく合格です！

不動産屋さんを覗《のぞ》いたら、1K・7万8000円の物件がありました。田園調布という住所にしては激安です。

それにしても、看板も街灯もなく、不思議なほど「商栄会」の名がどこにもありません。何度も往復してやっと見つけたのが、自動販売機に貼られたステッカー一枚。これも「田園調布商栄会」の文字が消えかけている。なんて謙虚なんでしょう。看板とか立てて、堂々と田園調布の商店街を名乗ってください！

[2018年11月取材]

HOJIKURI STREET VIEW THE FUTURE

HOJIKURISTREETVIEWHOJIKURISTREETVIEWHOJIKURISTREETVIEWHOJIKURISTREETVIEWHOJIKURISTREETVIEWHOJIKURISTREETVIEW

「こっち側」は なんでこんなに素朴なのか

course

新横浜駅の篠原口

丘から、キャベツ畑、ホーム、ビルが見える。絶景。

新幹線で新横浜駅を通るたびにあなたは思っているはずだ。なんでこっち側はこんなに素朴なんだ、と。逆側には巨大ビルがたくさん立っているというのに、下りホームから見えるこちら側は、道は細いし畑まである。あそこ、行ってみたくないですか。行ってきました。

ＪＲ新横浜駅（在来線）の出口は2つあり、ガンガン開発されている「北口」に対し、もう片方の素朴なほうは「南口」ではなく「篠原口」と言います。この主張のある名前からして、ウチは昔からプライド持ってやってまっせ、という老舗の根性を感じます。

これだけ大きな駅のそばですから、篠原口だってずっと放置されていたわけではありません。94年には再開発計画が立っています。しかし、（私にとっては幸いなことに）住民や地権者が開発に対して根強い不信感があり、一向に進まなかったらしい。（私にとっては残念ながら）ついに去年（２０１８年）頃からまた再開発の動きが出始めたようなので、見に行くなら今のうちです。

篠原口は改札機の数がそもそも少なく、駅出口の階段を下りたらいきなり大きな自転車置き場。とても新幹線駅とは思えず、ローカル感は

ホームからいつも見えるここ。車通りは多い。

丘のふもとに、
トトロに通じる(?)
抜け道あり。

期待値以上です。錆《さ》びたトタン壁のアパートと竹藪《たけやぶ》を横に見ながら跨線《こせん》橋を越えます。跨線橋沿いにあるクリーム色の「新横浜ビルディング」はいかにも古そう。なんと新幹線の開業時からあるとのこと。

線路をまたぎ、十字に交わる線路の北東側に来ました。この一角がちょうど新幹線ホームから見えるあたりです。

暗がり、キャベツ畑……残してほしい違和感

おや、跨線橋と新幹線ホームに挟まれた隙間の部分に小道があり、洞窟のような暗がりにつながっています。洞窟の入口には唐突に屋外灰皿が3つ。殺伐。

暗がりは、さきほどの「新横浜ビルディング」の1階飲食街と、新幹線駅につながっていました。階段を上がると急に煌々《こうこう》と光る新幹線駅コンコースが広がっており、かなりの違和感です。

北東側に戻り、ホームからいつも見えるキャベ

新幹線駅を
降りた風景が
いきなり
これです。

ホームの横に
キャベツ畑、
奥には森と丘。

ツ畑や、くすんだピンク色の2階建てビル「小野ピアノ」を確認。このあたりの道路は車のすれ違いすら危なっかしい細さだというのにけっこうなスピードで車が来るし、歩道もない。かなり危険です。この状態ではまあ、再開発もやむをえないかもしれない。

畑の先を丘のほうへ向かうと、森の中に入っていく魅力的な抜け道があります。ここに入ったらトトロでも出てきそう。

丘の上には、かなり風情のある古いマンションが控えています。これもきっと新幹線開業頃に建ったんでしょう。駅徒歩数分という便利さだけど、完全に森に囲まれた佇まいがほほえましい。再開発されたらこちら側にもピカピカのマンションがぽんぽん建つだろうけど、こんなおしとやかさは望めないだろうな……。

丘から眺めると、キャベツ畑の隣に新幹線ホームが横たわり、その向こうにはピカピカのビルがニョキニョキ立っている。何とも不思議な光景です。再開発後も、この違和感をどこかに残してくれないかな。ほんの少しでいいから、キャベツ畑があるといいなあ。

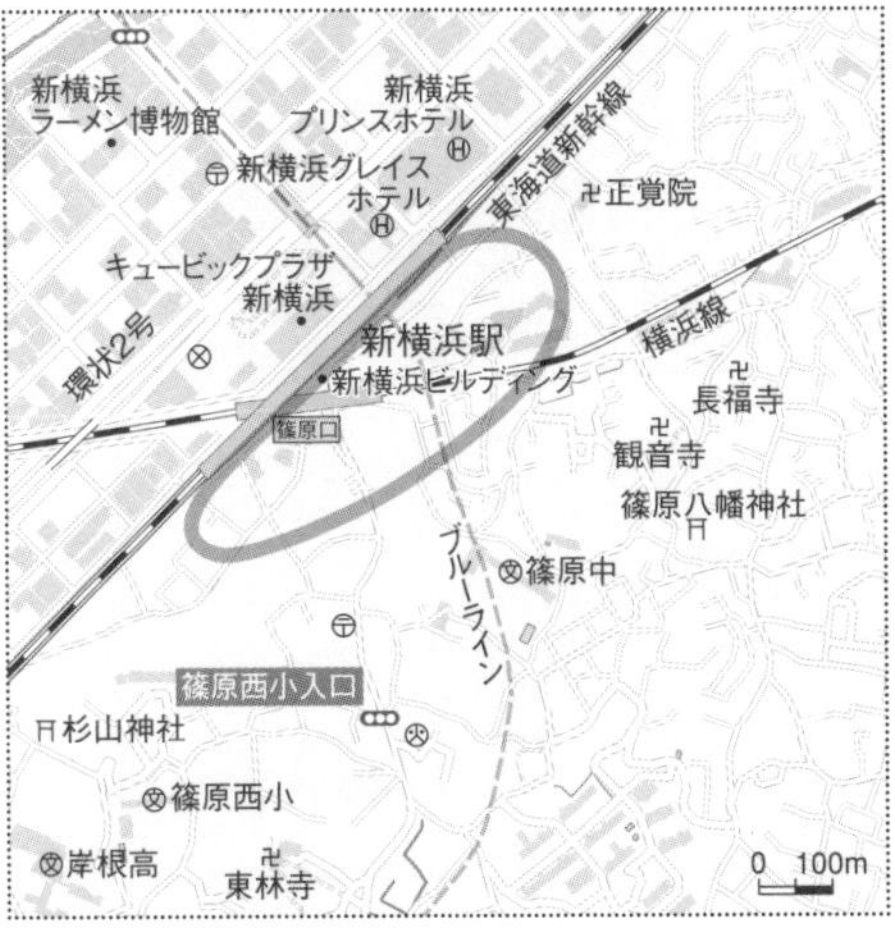

[2019年5月取材]

HOJIKURI STREET VIEW THE FUTURE

HOJIKURISTREETVIEWHOJIKURISTREETVIEWHOJIKURISTREETVIEWHOJIKURISTREETVIEWHOJIKURISTREETVIEWHOJIKURISTREETVIEWHOJIKURISTREETVIEW

なぜこんな中途半端なところがバスの終点なんでしょう

course

玉川学園の住宅地の谷底

すばらしい眺め、
しかも緑いっぱい。

玉川学園前駅から直線距離で南東に５００メートルほど先の、道の入り組んだ住宅地が広がるあたりにだだっ広いスペースがあって気になっていました。そこが南側の成瀬駅から来るバスの終点で転回場になっていることはすぐ分かったんですが、なぜこんな中途半端なところがバスの終点なんでしょう。あと少し先まで延ばせば玉川学園前駅まで行けるから、東京方面に通勤通学するにはそのほうが便利なのに。

古地図や地形図を見ると、この場所は谷底。南に向かって細い谷が続いていますが、駅のある北西方向に向かうにはかなりの急坂を上らないといけない。玉川学園一帯の本格的な宅地造成は、戦後まもなく駅近くの高台あたりから始まりましたが、開発はじわじわ周囲にも広がり、今は南東の谷底にまでびっしりと家が立っています。なるほど、建物だらけの急斜面に今さら大きな道を通してバスを走らせるというのは確かにムリかもね。

ともあれ、この半端な位置の谷底広場が見てみたくて玉川学園前駅に降り立ちました。

玉川学園前駅周辺は予想以上に山そのもので、どこを見ても傾いています。

下から見上げれば
あじさいが。美しい街角。

これはP31とはまた別の階段。永遠のように続く。

緑が多いかと思いきやこんな要塞みたいな場所も。

よくこんな急斜面しかない場所に住宅地を造ろうと思ったもんだ（造成の際の崇高な理念や経緯も調べてみたらおもしろかったけど、今回は略）。大きな路線バスはないけれど、小型のコミュニティバスは遠回りしながら駅から谷底まで走っているようです。ただし、本数は少ない。谷に向かうため、まずはひと山のぼります。

美しい急斜面の街並み。気になる谷底は……

玉川学園は、文化人や作家などに愛された住宅地だけあって、急斜面には上品な邸宅が並んでいます。尾根道に出てから谷底へ向かう道にさしかかると、あ、とっても長い階段が。大きな谷に面しているからとても眺めがよくて、階段の左右にはあじさいをはじめとした季節の花が咲き乱れている。夢のような景色です。階段をルンルン下りてゆく。階段沿いにお家《うち》の玄関があるのも味わい深い。

　階段の先にもまだゆるやかな下り坂が続き、下りきったところが問題の広場です。やっと着き

看板が
発泡スチロールのお手製。
かわいい。

公園は荒れてます。
乗りものも謎……。

ました。駅から直線距離で500メートルとは思えない遠さでした。

しんと静まりかえった穏やかな住宅地には転回場が池のように広がっていて、誰も乗っていないバスが眠るように停まっています。バスの終点だから待合所くらいあるかと思ったら、ベンチ一つありません。そういえばここに来るまで、コンビニはおろか個人商店も一軒もありませんでした。ここ、散歩するにはとても気持ちいい街だけど、なかなか不便だ。

そして肝心のバス便も、昼は1時間に1本。朝は1時間に2~3本だけど、それでも少ない。これだけの広場を作っておきながら、あまり使われてない……。

でも、バス停の近くにはこのバスに乗るための自転車置き場があって、まあまあ自転車が停まってます。自転車でここまで来て、このバスに乗って通勤通学してる人はある程度いるってことですね。玉川学園の傾斜は夢のように美しい街並みだけど、谷底はとても不便。散歩に向いている街だし、誰か谷底で喫茶店でもやって！　ひと休みさせてほしい。へとへとでした。

[2019年6月取材]

HOJIKURI STREET VIEW THE FUTURE

HOJIKURISTREETVIEWHOJIKURISTREETVIEWHOJIKURISTREETVIEWHOJIKURISTREETVIEWHOJIKURISTREETVIEWHOJIKURISTREETVIEW

これ、そもそも遊具なの？
この団地、何なの!?

course

謎の水玉模様がある滝山団地

花びら形の、
なんだか
わからないもの。

滝山団地を地図で見ると、水玉模様がたくさんあります（P37の地図参照）。これ、何でしょう。ふつうに考えたら、公園かな？　と思いますが、円形を道が分断しているようにも見えます。航空写真を見てもよくわかりません。

で、寒風吹きすさぶ団地に行ってみました。正解は、公園でした。［完］

いや、終わるわけにはいかない。なんてことだ。いちばんつまらない答えだ。歩道が公園を横切っているのも地図どおり。設計した人が円形の公園をランダムに配置した、というだけでした。

しかし、いくつもある円形の公園は、なかなかバリエーションに富んでいます。小さな円形の真ん中にモフッとした木が一本植えられているだけだったり、ただ土が盛り上がってるだけだったり、岩がいくつか設置されていたり……公園と言うより「庭園」という趣です。ほかにも団地のいろいろなところが円や曲線をモチーフにしたデザインになっていて、ものすごくオシャレ。いい団地だな〜。

もちろん、遊具が設置された、公園らしい公園もありますよ。ほら、ピンクの何かと、黄色い

円の中心がモフッと
してることもある。

円の中で土が
盛り上がっている
だけのところもある。

何かがあって……ん、何だこれ。

　最初は「遊具だなぁ」と思って深く考えずにいたのだけど、滝山団地の公園にある遊具らしきもの、わからないものばっかりです。

　最初に見たのは「わかるもの」でした。山型で、上にのぼるための手すりや段差もあり、下にはトンネルが開いている。わかる。どうやって遊ぶか、意図がわかる。

　しかし、次に登場したものがわからない。横から見ると凸の形、上から見ると◎の形のカラフルな大石。最初はうっかりスルーしちゃったけど、よく考えると全然なんだかわからない。座るの？　のぼって飛び降りるの？　いや、別にどう遊んでもいいんだよね。正解なんかない。でも、これ、そもそも遊具なの？　何なんだ、これは。わからない！

　一見、遊園地のコーヒーカップみたいに見えるものも、わからない。臼のような大石で、コーヒーカップに似てるけど、ベンチにあたる部分はないし、回らない。何だこれは。

わかるかな……
いや、やっぱりわからない！

わからない
ヤツらの群れが
私に襲いかかる。

落書きは
古今さほど変わらず……
ホッとします。

これらの「わからない」遊具は明らかに古い。しかし同じ公園内にはおそらく団地住民の高齢化によって新しく設置された「健康遊具」もあり、それには使い方の説明が載った看板がついています。なんて「わかる」んだ。つまらない。わからないものが見たい！

ということで団地の円形公園を次々巡ると、続々と新しい「わからない」が現れます。渦巻き状の石。桜の花びら状の石の塊。言葉では説明できない複雑な形のものも登場。全然わからない！

わからないものだらけでテンションが上がってきたところに巨大な何かが現れた。一応ハシゴや柵がついていて、今まで見たわからないものよりは、わかるかな……いや、あまりに複雑な形で、モンスターじみていて、やっぱりわからない！　何こ!?　こんなにでっかくてわからないものを平気で公園にデーンと設置して！この団地、何なの!?　私はなぜか一人で笑いが止まらなくなっちゃいました。

結果として、滝山団地の公園はわからないものだらけで最高でした。いっそのこと、わかるものは全部取っぱらってほしいです！

[2019年2月取材]

HOJIKURISTREETVIEWHOJIKURISTREETVIEWHOJIKURISTREETVIEWHOJIKURISTREETVIEWHOJIKURISTREETVIEWHOJIKURISTREETVIEW

方眼一つ一つに、
2軒×2軒ずつぎっしり家が

course

エルザタワー55北側の道がやたら多い住宅地

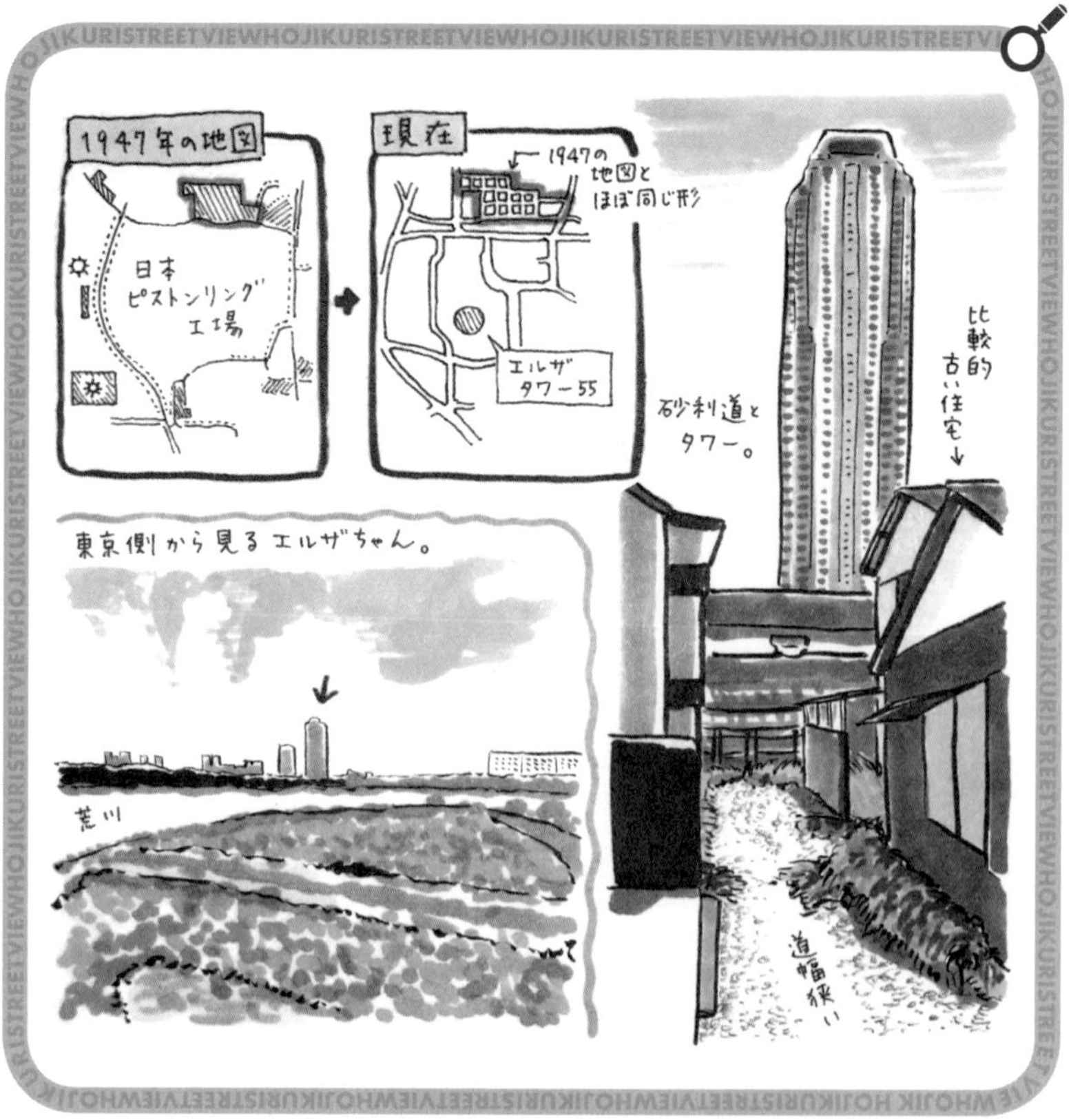

砂利道と
砂利道の十字路。
家は新しい。

例の憎たらしい新型コロナウイルスのせいで北区の自宅に引きこもる生活を送っております。電車でどこかに行くのはできれば控えたいし……と思って我が家から歩ける範囲の場所を探すと、そういえば、荒川の向こうにある巨大なタワー、気になってたんだよね。

塔の名はエルザタワー55。名前の通り55階建てのマンション。建ってから16年ほどは、住居としては日本一高い建物だったそうです。高層マンションといえば湾岸や都心から開発が始まってそうだけど、埼玉県川口市の、駅からもやや遠いところにあるマンション（完成当時は埼玉高速鉄道もなかったので、最寄りの川口駅から徒歩20分！）が長いこと日本一の高さを誇っていたというのはなかなか奇妙なことです。今でも埼玉県一高い建物らしい。

このエルザタワーの存在感はずっと気になっていたんですが、地図で見るとさらに気になる点が。タワーの北側の麓に、いかにも私が好みそうな密集住宅地がある。

ごくわずかな区域ですが、縦横に

砂利道と
ふつうの住宅地と
エルザタワー。

かなり
ジャリジャリした
砂利です。

走る道がやたら多く、道が方眼紙のようになったところがあります。その細かな方眼一つ一つに、2軒×2軒ずつぎっしり家が詰まっている。なんなんでしょうかここは。自宅から歩いて行ってきました。

荒川を渡り、そびえるエルザタワーを見上げながら現地へ。古い工場、昔ながらの八百屋の前を通り……着いた。

なんというか……思ってたよりは、ふつうです。道はかなり狭いけど入り組んでおらず、特別古くも新しくもない一戸建てが密集しているだけです。一軒だけ、蔦に覆われた極端に古そうな建物があるけれど、ほかは建物としては特筆すべきことはありません。謎は深まる。

砂利道の違和感、タワーとのギャップ

ただ、一つ違和感があるのは、道が舗装されていないことです。

格子状に張り巡らされている住宅地の道がほとんど舗装されていない。一軒の家のための私道だったらともかく、これだけの区画が全体的に未舗装というのは珍しい。家がものすごく古かった

唯一極端に
古い(?)
蔦のおうち。

看板とか工場とか、
味のある一角なんです。

歴史の長い元郷湯、
裏手に味があります。

らしっくりくるかもしれないけど、そうでもないので違和感が強まります。

ある角度から見ると、砂利道住宅地からエルザタワーを眺めることもできる。これもギャップがあって不思議な風景です。

調べてみると、エルザタワーの敷地はもともと「日本ピストンリング」の跡地。戦前にエンジンの部品などを生産する工場として建てられ、昭和59年に移転しています。

今でも周囲には古い工場がところどころに残っていますが、もともとこのあたりは「キューポラのある街」こと川口の鋳物工場街なのでした。古地図を参照するとこの細かい区画は戦前から見えます。「元郷湯」という銭湯も現存するし（元は工場の従業員用厚生施設だったらしい）、一帯は企業門前町という感じ。おそらくこの細かい区画は、工場関係の、同じ形の社宅のようなものが立っていた名残なんじゃないかな。

区画ができた当時の建物はたぶんほぼ存在しないので、確定的なことが言えないのが残念。痕跡がほとんどないなかで、砂利道の違和感だけが残る不思議な場所です。

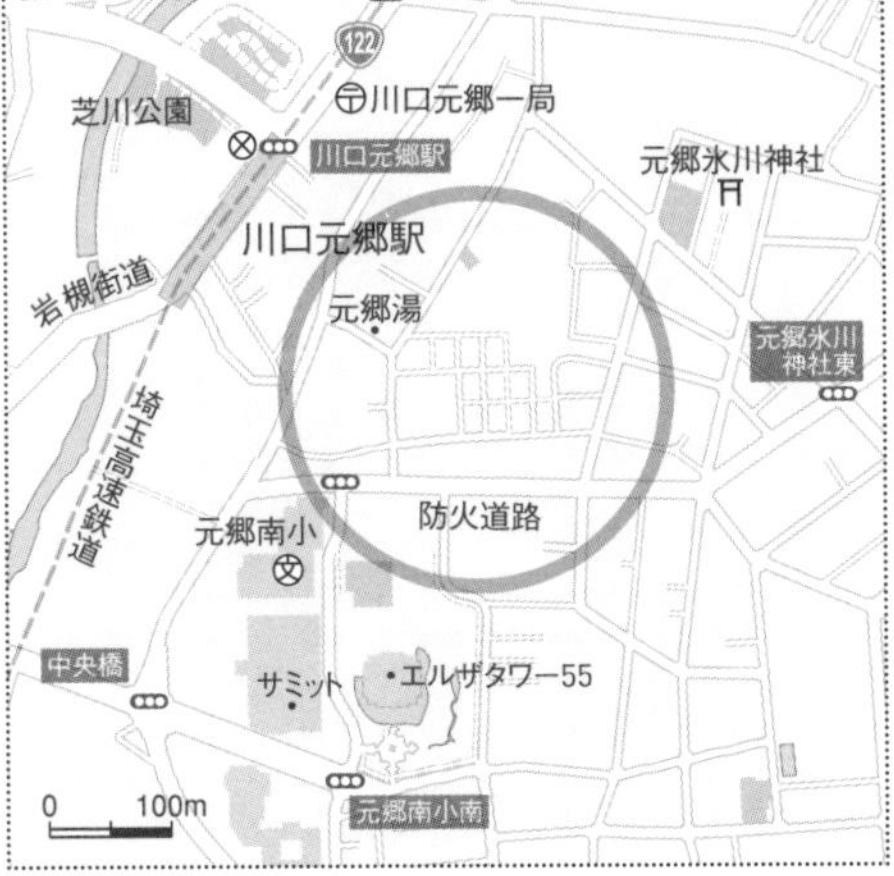

[2020年4月取材]

HOJIKURI STREET VIEW THE FUTURE

HOJIKURISTREETVIEWHOJIKURISTREETVIEWHOJIKURISTREETVIEWHOJIKURISTREETVIEWHOJIKURISTREETVIEWHOJIKURISTREETVIEW

ロータリーのない駅前には昭和が残っているのでは……？

course

新河岸駅と駅近くの巨大でいびつな建物

残念ながら(?)
ロータリーは
着実に準備中……。

東武東上線は池袋から埼玉へと延びる通勤通学路線。最寄り駅まで車で送ってもらう人も多いため、埼玉県に入ってからの各駅前（和光市から先）は整備されていて、必ずしっかりしたロータリーがあります。

その線路をずっと奥へと順にたどっていったとき、初めて出てくるロータリーのない駅が新河岸駅。川越駅の一つ手前。いまだにロータリーのない駅前には私の大好きな昭和が残っているのでは？　と思い、行ってみました。

しかし、着いて早々に大ショック。駅は改装中で、まさにいまロータリーを造成中。ホームにはすでに新しい階段が建設され、準備万端なのでした。

気を取り直し、小駅舎のある現役の出口へ。ロータリーがない代わりに一応小さな駅前広場らしきスペースはありますが、そこまで到達する道がかなり狭く、バスが入ってくるのは困難です。通勤圏の埼玉県内で、これだけ自動車に優しくない街は珍しい。自動改札を出て数歩のところにはすぐタクシーが横付けされています。駅と外部との距離の近さがすでに昭和を思わせて、わくわくします。

手書きの筆文字の
看板というのも
ポイント高い。

昭和の狭く美しい
郊外の駅前。
三角屋根もステキ！

駅舎そのものも三角屋根でかわいい。出てすぐ右には年季の入った東武ストア。東武鉄道の系列なので、そこまで誘導するかのように屋根のついた通路があります。かなりコンパクトだけど商店街的なものもあり、雰囲気がいい。

不便さがたまらない「昭和の郊外」がここに！

さて、ここにはもう一つ気になるものがありました。ネットの地図を見たとき、駅から徒歩数分の場所に、太い道にまったく接していない巨大でいびつな建物があるのに気づいたのです。

　この大きさはふつうはマンション、あるいは工場。しかし、そういうものなら地図上に建物の名前が出るはずなのに、何も表示されない。これだけ大きいのに車でアクセスできなさそうなことも不思議。

　現地に行ってみると、徒歩でもどこから到達したらいいのかよく分かりません。しばらくさまよって、やっと分かった。このデカいの、パチン

駅前から延びる通りは
ものすごく短い。

出口のない線路東側の街並みも昭和！

線路をくぐる通路のデザインも好き。

コ屋の奥の駐車場だ！

駅からすぐの込み入った路地にあるパチンコ屋「アコム」あるいは「レイク」（名前が二つあってはっきりしない……というか、なんだこの名前は）。一見車での到達は困難に思えますが、建物の右側に回り込むとトンネル状の部分があって、その奥に車が見えます。この駐車場、入口は全く別の側にあるみたい。どこから見ても全体像がつかみにくいけれど、これは鉄筋とトタンでかなり簡素に作られた巨大な2階建ての駐車場のようです。きっと空きスペースを全部利用したからこんないびつな形になってしまったのだ。

それにしてもこの入口の分かりづらい奇妙な駐車場といい、車に優しくない駅前といい、駅の東側には出口がなくてかなり遠回りしなきゃたどりつけないことといい、ここには私の大好きな「昭和の郊外」が残っています。

もうあと数か月で駅の北側に新しいロータリーができ、ここは平凡な（いや、便利な）駅になってしまうのだ。来年以降、南側の古い街並みがどんどん廃れていってしまうかと思うといたたまれません。パチンコ屋もどうかご無事で。

［2017年10月取材］

HOJIKURI STREET VIEW THE FUTURE

HOJIKURISTREETVIEWHOJIKURISTREETVIEWHOJIKURISTREETVIEWHOJIKURISTREETVIEWHOJIKURISTREETVIEWHOJIKURISTREETVIEW

気になる……でも、我慢してまずは富士塚です

course

練馬区の中里富士と周囲の家並み

紅葉シーズンだし、
こんもりかわいい
富士です。

富士塚というものの存在は知っていました。富士山信仰に基づいて、主に関東に造られた富士山のミニチュア的な塚。一説によると都区内に50か所ほどあるらしい。一度どこか登ってみたいものだ、と思っていました。

で、今回は練馬区にある通称「中里富士」に行ってきました。なぜここを選んだか? それは、その周りの家並みも含めて好みだと思うよ、と推薦されたからです。最寄りのバス停の「別荘橋」という名前も味があって好き。

さて、バスを乗り継いで、おそらく23区内でも屈指の交通不便な場所(失礼)である中里富士まで来ました。このあたりは家々の間にかなり余裕があり、畑も点在していて、ちょっと先には森が見え、23区内とは思えないほどのどかな景色です。中里富士に向かう道は、塚の隣にある八坂神社の参道でもある。コンクリート製の鳥居の先に、こんもりした茂みが見えます。あれが富士塚なのかな。

参道を進んでいくと、あっ、左側の家並みがものすごく気になる。富士塚より気になる……でも、グッと我慢してまずは富士塚です。神社にお参りしてから、向かって右側におわします

頂上からの眺め。
まあ、ほどほど
ですかね……。

登山道、
かなり狭いし怖い。
滑落の危機。

富士へ。

　ちょうど紅葉の時季でもあり、塚に植えられたこんもりした木々はところどころ色づいてかわいらしい。木々の間にめっちゃたくさんの碑が立っています。地元の人たちにずっと守られてきたんだね。公式には標高12メートルだそうだけど、もっと高く見えます。

　つづら折りの「登山道」が頂上まで続いているので、とりあえず登ってみる。足下は多少は整備されているのに、道はかなり細くて手すりも何もなく、けっこう怖い。息を切らして頂上まで登りきると、南側はなかなかの眺めです。しかしこの塚は、おそらく土を効率よく調達するためだったんでしょう、北側がすぐ高台になっています。だから、北側を眺めても、すぐそばの民家の2階と高さがさほど変わりません。うーん。

メインディッシュを前に
滑落するわけにはいかない！

　下りるときは登るときより気を使う。この日は雨上がりで、荷物も多かったので、本当に滑落し

下りはさらに怖い。
この斜面を下りてゆく。

登山口（？）には
超開放的な
トイレがあります。

そうでした。しかし、私のメインディッシュはこの塚ではなく、すでに参道の脇にチラリと見えた住宅群なのだ。それを見ずに滑落するわけにはいかない！

……結果として翌日、太ももの猛烈な筋肉痛に襲われた。この富士塚登り、私にとっては十分「登山」でした。

さて、塚を下りて家のほうに行くと、ああ、木造平屋で真っ黒い瓦の、まさに子供が描いた三角屋根の「家の絵」のようなシンプルな住宅がささやかに並んでいる。おそらく昭和30年代くらいに建てられたであろう、真っ黒い板材が渡された壁面を持つ小ぶりなかわいい家々です。6棟くらいでしょうか、ここには奇跡的に残っているのです。

それぞれの建物はわさわさと茂った木々に守られるようにひっそりと佇んでいて、家の間を通る道も舗装されておらず、砂利道や泥のままです。青いトタンの塀、ゆがんだブロック塀、低い電線、すべてが美しい。富士塚は区指定登録文化財だそうですが、この貴重な家並みもセットで登録してくれないもんでしょうか。個人宅だから無理かな〜。

［2019年11月取材］

HOJIKURI STREET VIEW THE FUTURE

HOJIKURISTREETVIEWHOJIKURISTREETVIEWHOJIKURISTREETVIEWHOJIKURISTREETVIEWHOJIKURISTREETVIEWHOJIKURISTREETVIEW

ごく細い道を隔てて
すぐにどーん、と川

course

スレスレまで家がある相模川沿いの小道

川！！！
そしてすぐ家！

　小さな川ならともかく、大河には河川敷があるものです。多少民家との間に余裕を持たせておかないと、水害のときなど大変ですもんね。都心のごく一部をのぞけば、大きな川の流路すぐそばに住宅があるという景色はあまり見ません。

　しかし、相模川の中流のあたりに、川べりからごく細い道を隔ててすぐに民家が並んでいる場所を見つけてしまいました。そのあたりの相模川の川幅は400メートルほどあり、かなり太いですが、地図を見る限り河川敷もなければ堤防があるようにも見えません。どんな景色が広がっているのか。

　で、行ってみました。JR相模線の相武台下駅から「磯部」行きバスで、終点へ。磯部停留所は私好みののんびりした雰囲気で、バスターミナルというほどではない小さな転回場がありました。

　農地と住宅地の中間くらいののんきな細道を歩いていくと、川が近づいてきます。

　カーブを曲がると、どーん、と川。そして、川面よりも高いところにあるとはいえ、河川敷が本当になく、すぐに家。地図のとおりです。ちょっと圧倒される。

川にはいろんな
生きもの？がいて
危険です。

ああ……気持ちのいい細道。

川べりに巨大な碑がありました。相模川の用排水改良事業完成記念、とのことで、昭和23年のもの。ここには「頭首工」という、相模川から用水路に水を引き入れる施設があるらしい。川マニア的にも熱い場所のようです。

　このあたりはやはり水面が近いので、河童が「危険」と言ってたり、川から幽霊や悪魔が飛び出していたり、ひねりもなく子供が溺れていたりと、川の怖さをアピールする絵付きの標識が大量に貼ってあります。実際、危ないよね。

マジメでゆるい感じ、とても良い

しかし、川べりの道を歩いてゆくと、大河がすぐ隣（というか、感覚的には真下）に流れていることにさほど違和感がなくなってきます。家の前の細道の向こうにすぐ穏やかな水面がある風景、とても良い。対岸は遠くて空が広いし、散歩道として最高。

　実際、私が行ったときはちょうど日が落ちかけ

下溝駅のそばでは
こんな断崖も見られます。

「河川敷」は
この幅しかない。
釣り人あり。

る時間で、まぶしい西日のなか、近所の人たちがよく歩いていました。車もほぼ来ないので、犬の散歩に最適ですね。散歩道として整備されているわけでもない、もっさりした田舎道そのままの感じもとても良いです。半ノラの猫がやたらいるし。いい気分で歩いていると、唐突に「磯部民俗資料館」なる看板が現れました。こんなところに？

調べてみると、個人宅の敷地内にある非常に小さな資料館で、土日のお昼のごく短い時間しかやっていないらしい。この日は平日だから入れなかったけれど、このマジメでゆるい感じ、とても良い。いつか再訪しよう。

道沿いに河川敷と呼べるほどのスペースは結局ほとんど現れないのだけれど、ときどき川岸に下りる階段があります。途中、一人で釣りに来ている若い女の人も見かけました。粋だなあ。

私はそのまま下溝駅まで歩きました。駅の手前で道は幹線道路に合流して上り坂となり、このあたりには広い河川敷があります。高台には展望広場が設けられ、相模川のすばらしい眺めが見られます。だけど、この本としては磯部の川沿いの小道のほうがオススメ。

［2020年2月取材］

HOJIKURISTREETVIEWHOJIKURISTREETVIEWHOJIKURISTREETVIEWHOJIKURISTREETVIEWHOJIKURISTREETVIEWHOJIKURISTREETVIEWHOJIKURISTREETVIEW

都心にあるとっておき!
濃密な行き止まり

course

日本経緯度原点がある行き止まりの路地

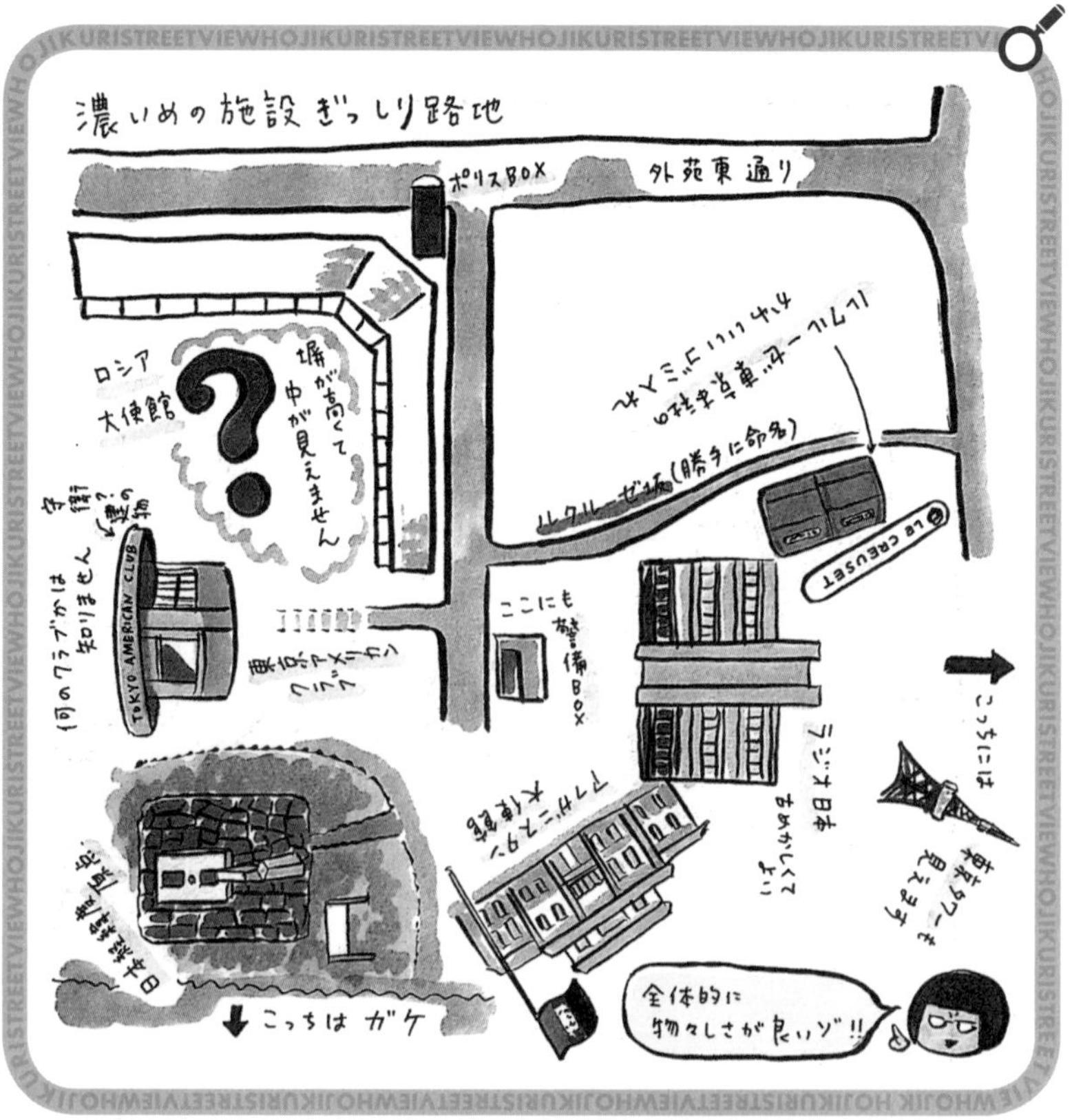

この先
立ち入り禁止っぽい
けど、入ってよい。

わざと入りこんで道に迷ったふりをして探検する価値のある、とっておきの「行き止まり」を紹介します。

それは、ロシア大使館の裏。

ロシア大使館の裏、というだけで意味もなく惹《ひ》かれませんか。しかもここの一角には、東京アメリカンクラブ（よく分からないが謎めいたハイクラスな何か）、日本経緯度原点、アフガニスタン大使館、ラジオ日本（ニッポン放送ではない）と、濃い施設がぎゅうぎゅうに詰まっている。何度か行ったことのある場所なんですが、改めて濃さを確認しに行きました。

ロシア大使館に近づくと、高い塀に沿ってポリスボックスが点々とあるので妙に緊張します。何個目かのポリスボックスのある角を曲がると、例の行き止まりへの入口。しばらく、右に大使館の塀、左にマンションや民家が続く。

さて行き止まりに近づいてきました。ここの行き止まりの先は崖になって落ちていく地形なので、空が広い。右には何やら上流階級の香りがする「東京アメリカンクラブ」がありますが、ここには入れな

古墳かな？　いえ、
日本経緯度原点です。

「原点」は
このポッチ。
わかりづらい！

いので今回は謎のままスルー。

行き止まりの手前にも警備員さんがいて少し緊張しますが、別に進んでいいはずなので、まずは「日本経緯度原点」という不思議なスポットに向かいます。

日本経緯度原点は、古墳のようにちょっと土が盛られた芝地で、碑や説明板があるものの、パッと見では小さな公園にしか見えない。説明板によると、ここは日本の経度・緯度を決める基準点であり、元は「東京帝国大学附属東京天文台」があった場所。原点の位置は、観測機器の「子午環」なるものがあった場所の中心に定められているそうです。しかし、今は建物も何もありません。経緯度の基準点ということは何かキリのいい数字なのかと思ったら、原点の数値は度・分・秒のあと下4桁まで書かれている。キリは悪いようです（そりゃそうか）。

え……これ？ なんて奥ゆかしい

原点そのものはどこなの？　と見回すと、地面にある「日本経緯度原点」と書かれた大きな碑の横に、鈍い色の丸いスイッチみたいなでっぱりが

南側は崖。
下りてみたいけど
ここは立ち入り禁止。

狭い「ル・クルーゼ坂」からのぞける東京タワー。

ある。え……これ？　どうやらこれみたいです。目立たなすぎだ。なんて奥ゆかしい。

　原点を探している間、先ほどから横で美しい旗が風になびいています。これはアフガニスタン大使館にはためく国旗なのでした。宮殿のようなきれいな建物で、さほど物々しい警備がありません。実はここに移転してきてまだ12年。「中央官庁合同会議所」を全面改築したものらしい。

　そしてそこから左を向くと、そびえ立つ東京タワーの手前にあるのがひときわ古い「麻布台ビル」。ここに「ラジオ日本」が入っています。ややこしいですが、「ニッポン放送」とは違います。私はお仕事で中に入ったことがありますが、都内のラジオ局の中でもとりわけ設備が古くて大好きです。

　ビルの北側から東へと坂を下って行くと、見たことのあるロゴが。ル・クルーゼだ！　こんな細路地にル・クルーゼの東京本社が！　ル・クルーゼの会社、外のゴミ入れもオレンジ色で、ル・クルーゼのロゴマークがついていてかわいい。ここの坂、調べたところ名前が付いてなさそうなので、「ル・クルーゼ坂」と命名してもいいですか？

[2020年3月取材]

HOJIKURISTREETVIEWHOJIKURISTREETVIEWHOJIKURISTREETVIEWHOJIKURISTREETVIEWHOJIKURISTREETVIEWHOJIKURISTREETVIEW

政治の中心の街、
かなりしっかり住んでます

course

永田町の住宅のある路地

永田町の
路地を南から。
数軒の民家。

一見、ふつうに人が住めるの？
と不思議になる街が東京にはいくつ
かあります。

たとえば「銀座」。ここは少し裏に入れば古い民家も新しいマンションも発見できて、お家賃はともかく、住めることは分かります。

逆に、「大手町」や「霞が関」となると、この2町は統計上（2019年1月の住民基本台帳）で、それぞれ人口が一桁。どこにどう住んでいることになっているのか謎ですが、ほぼ人が住んでいないといってよさそうです。

で、今回の舞台は千代田区永田町なんです。国会議事堂や首相官邸があり、政治の中心といわれる街。こんなところに人が住んでいるのかというと、なんと人口547人（同統計による）。かなりしっかり住んでます。住宅なんてなさそうなイメージですが、地図を見てみると実はマンションがそこそこあり、戸建ての民家もかろうじて存在するようです。地図で見つけた、永田町の「住宅のある路地」を見たくなって、行ってきました。

溜池山王駅の5番出口から出て北へ。鏝絵《こてえ》のすてきな蕎麦《そば》店「永田町 黒澤」の並びに、もうごくわずかに民家が見えます。かなりの違和感で

路地の内側から
南を見る。
けっこう古い。

明治時代から
存在するクランクで
ございます。

す。さらに進むと、信号の先に一方通行の出口となる細道が見えます。車のすれ違えない細い路地に沿って、民家が数軒。永田町に本当に路地があった！

並んでいるのはお屋敷ばかりかと思いきや、大きさはわりと標準的で（といっても土地代はとんでもないと思いますが）、かなり古い建物もあるのが意外。細路地の先はクランクになっていて車はほとんど通りませんが、人通りは意外と多い。あっ、ふつうにゴミ捨て場もありますね。そりゃ必要だよね。

クランクの先に待つ
謎のスペース

クランクを抜けると、その先の左側は高い塀で何も見えず、右側に見える大きな建物は参議院議員会館（の裏手）らしい。しかし、この議員会館の敷地と道路との間に、完全にフェンスで囲まれた細長～い芝生の空間が余っているのが気になります。

廃校となった
永田町小学校は
そのまま残ってます。
像の名前は「友を守る」。

ゴミ捨て場もある
（隣のビル用のものかも）。

起伏があって使いづらそうではありますが、ちょうど民家一戸をズラッと並べられそうなスペース。なんだろう?

古地図を見ると、この路地には戦前まではごくふつうに家々が密集していたようです。戦後になってからはかなり減ったものの、高度成長期くらいまでは細かい路地がもう少しあり、小さな建物の影もけっこう記されている。かつては芝生のところに民家があったのかな。立ち退きせざるをえなかったんだろうけど、議員会館の裏で粘る民家、見てみたかった。

そして、さっき通ったクランクは遅くとも明治初期には存在していたようで、びっくり。道の形ってこんなにも変わらないものなんですね。

ちなみに、永田町の人口の大半は、この路地にはいません。路地を上り切った十字路を左に曲がったところにマンションが少しだけ集まっているので、このあたりに集中しているものと思われます。いま賃貸物件を検索してみたら、40平米弱のワンルームで、家賃12・5万、というのがある。高めではあるけれども……永田町、思ったよりは、住める。

[2019年1月取材]

HOJIKURISTREETVIEWHOJIKURISTREETVIEWHOJIKURISTREETVIEWHOJIKURISTREETVIEWHOJIKURISTREETVIEWHOJIKURISTREETVIEW

ＳＦ風バス停が連なる果てのような場所

course

大黒埠頭の「バース」地帯

バスの先頭から
撮った
トラックの
ラッシュ。

数年前の日曜日、私はふらっと鶴見線の国道駅に行きました。廃墟のようなこの駅は、私が大好きな場所です。定期的に観察しています。

さて、国道駅のそばにはバス停があり、そこから大《だい》黒《こく》埠《ふ》頭《とう》のほうに行けるようなので、暇だった私は思いつきでバスに乗ってみました。

乗客は数人。すぐに人家は全くなくなり、倉庫だらけに。橋を渡るときには横浜港の美しい風景が見えたけど、進むにつれてどんどん周りは殺伐化。歩いてる人は全くおらず、車もほとんど走ってない。そして、バス停名が「C1」「T4」みたいな「記号」になってきた。何だここは！ 未来都市？ なんか怖い！

意を決してきとうなところで降りると、家や店どころか自販機すらありません。帰りのバスは、……え、1時間後！

その後、日が暮れゆく無人の道をとぼとぼ歩いた思い出。あの謎めいた場所にもう一度行きたくて、数年ぶりに訪問しました。

調べてみると、大黒埠頭は統計上、人口0人だそうです。職場がある人と、釣り趣味の人くらいしか行かない場所ですね。

鶴見駅から例のバスに乗ると、平日だけあっ

色とりどりの
巨大コンテナに
圧倒される。

SF(?)的バス停から
パートの人たちが
乗ってきます。

て今回は乗客が多く、道路もトラックでいっぱいです。これはこれでちょっと怖い。橋を越え、人家はとっくになくなり、そして来た来た、バス停「C2バース」「L8バース」。「バース」という言葉がついてたのね。

　この手の記号タイプのバス停はなんと12個。SF的世界です。そして、こんなSF風バス停から中年女性がけっこう乗ってきます。倉庫内のパートさんなのだろうか。「C1バース」から「T3バース入口」までの道は路駐している車の数がすさまじく、ふつうの路線バスなのに、公道というより倉庫敷地内の駐車場を走っているかのようです。

殺風景でデンジャラスな果てのような場所へ

　バスは殺風景な道を走りつづけ、「横浜港流通センター」という巨大な建物の周りを回って折り返し、駅へと戻っていくようです。センターの裏手となる「C4バース」で試しに降りてみましたが、なんというか……コンテナ以外、何もなし。猛烈な数のカラフルなコン

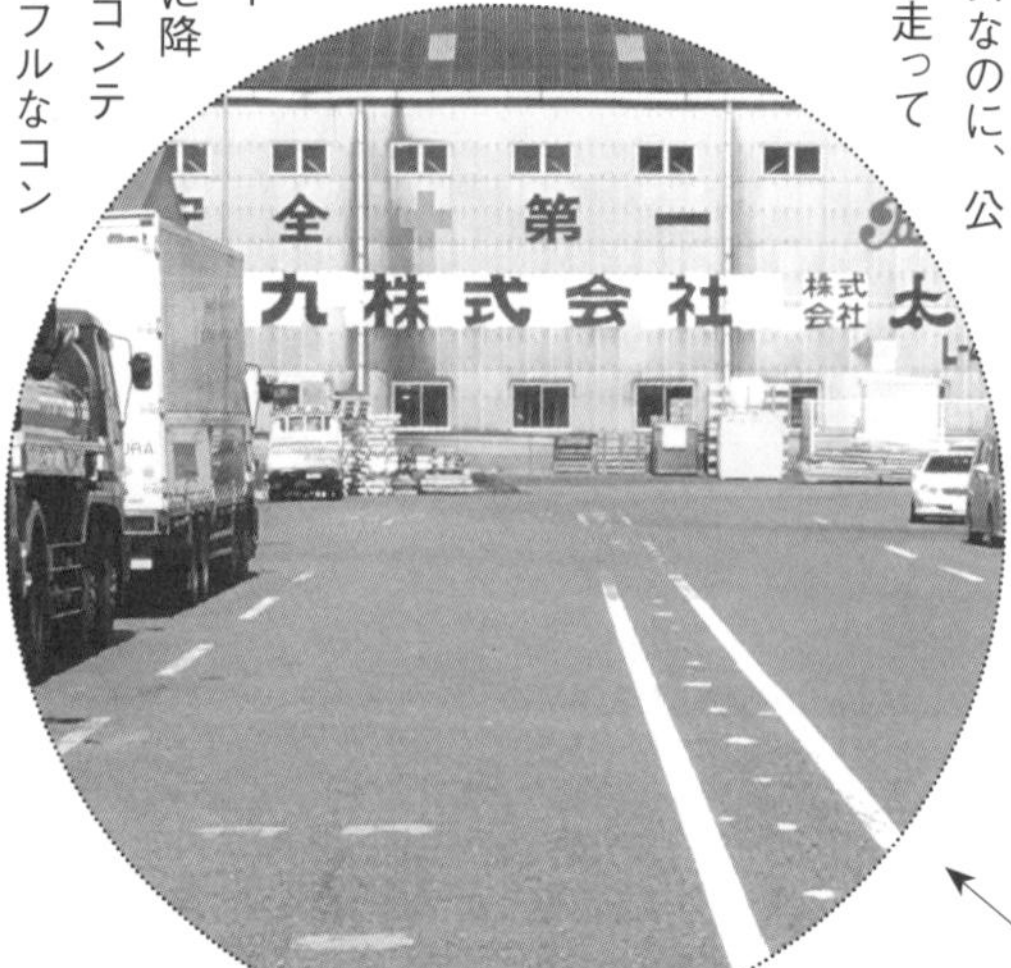

バスが通るとは
思えない道を走る。

見たことのない
コンビニがある街、
だいたい当たり。

テナがたくさん積んである。

流通センターの入口側に回ってみます。建物には、社食のような「波止場食堂」と、「ポートストアＹ－ＣＣ」という聞いたことのないコンビニが入ってました。

そして、目の前の道路には、路駐という言葉の定義がわからなくなるくらい堂々とトラックや乗用車が路駐しています。二重駐車は当たり前、なんと、右側車線に逆走状態で停車している車まである！

それもそのはず、ここは片側5車線もあるのに交通量はあまりないのです。ごちゃごちゃの向きで停車してある車の間をときどき巨大トラックが爆走していくという、無機質なのに野性的な、デンジャラスな世界です。

休日は人も車もなく殺風景、平日は平日でトラックだらけで殺風景。私はこういう、文明が行き着いた果てのような場所が好きなんだ。ＳＦ風のバス停の寒々しさも味わえて大満足でした。

ちなみに「バース」とは何なのかというと、船の停泊所って意味なんだって。勉強になりました。

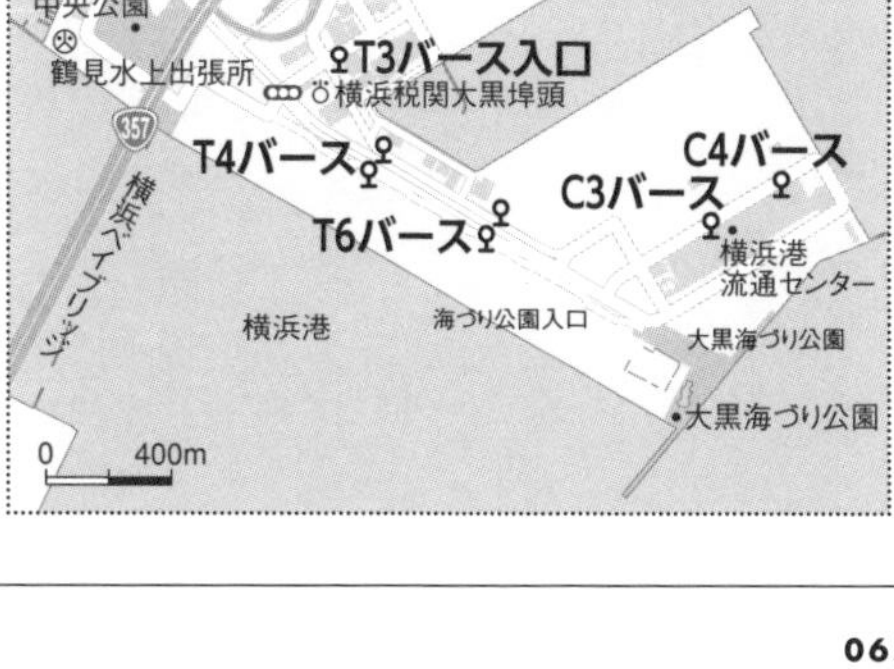

［2017年4月取材］

column

1

私は「駅ちゃん」です。

～東京近郊以外をさんぽするときのキーポイント～

鉄道が好きな人は**「鉄ちゃん」**と呼ばれます。私もずっと自分を鉄ちゃんだと思っていたんですが、どうも最近違う気がしてきました。

私は車両そのものにはさほど興味がないんです。新幹線の何々系って言われてもよく分からない。鉄道の旅は好きですが、帰ってから写真を見返しても、汽車や電車の写真はほとんど撮ってません。

しかし、**駅の写真**はめっちゃ撮っています。私は鉄ちゃんじゃなくて**「駅ちゃん」**のようです。

駅には、建物がかなり古いものもいまだに残っています。古い駅舎の中には、建築として価値があり、**有形文化財**などに指定されているものも珍しくありません。何に指定されているわけでもない、ただただ**ボロボロの古い駅舎**も現役でがんばっています。

別に駅に限らなくとも古い建物は街中にありますが、駅がほかの古い建物と違うのは「使っていい」ということ。厳重に保守管理されている建築物と違い、駅は日常的に中に入れてしまいます。入場料も要りません（乗車券・入場券は別として）。そこがすごいんです。

だから、価値を認められすぎて、建物を移築されてしまったような「元・○○駅」の建物にはあまり興味が湧きません。あくまでも、生活の中に築百年レベルの建物があり、ごくふつうの地元の人たちがそこに日常的に集い、そこから汽車に乗ってどこかに行く、というのがいいんです。

私が思うに、ＪＲは古いものを新しくしたり壊しちゃったりしがちだし、古すぎて価値のあるものは逆に飾り立てて特別扱いしがち。大手私鉄も、なまじお金があるために看板を新しくするなどして駅の良さをキープしてくれない。だから、私の好みの駅は**ローカルな私鉄**に多く見られます。

特に好きなのは、**上信電鉄、富山地方鉄道、近江鉄道。**古いのが目白押しです。

上信電鉄は**木造駅舎**をたくさん残していて、しかも誰のセンスなのか、駅によっては妙にカラフルにペンキで塗られているのがたまりません。紫色に黄色のベンチが配された**根《ね》小《ご》屋《や》駅**、鮮やかな緑の**山名駅。**

上信電鉄南蛇井駅。
「なんじゃい」という珍名で有名。

富山地方鉄道東三日市駅。
階段も良い。

こういう
重そうな木枠の
ガラス戸が好き。

上信電鉄根古屋駅。
ぜひ実際に行って
カラーで見て！

富山地鉄岩峅寺《いわくらじ》駅。
屋根が小さい！

[2019年10月号掲載]

絶妙なセンス、ぜひこのまま残してほしい。

富山地方鉄道は地元で**「チテツ」**と略されているのがかわいらしい。ほぼ崩壊寸前に見える真っ黒い木造の**下段《しただん》駅**、堅牢な石造りで駅名の字形がたまらなくかわいい**東三日市《ひがしみっかいち》駅**、旧駅名の痕跡が残ったまま迫力ある造りの**有峰口駅**など、駅舎の「昔のまんま」率が極めて高い。

近江鉄道はいくつか残っている古い駅舎一つ一つのクオリティが高い。ライトグリーンに塗られた木造2階建ての**新八日市《しんようかいち》駅**は「新」とついているのに大正時代の築。ほかにも昭和初期の洋風建築・**鳥居本《とりいもと》駅**、荘重な瓦屋根の**水口《みなくち》駅**など、まだ行ったことはないのですが気になっています。

こういう駅には、地元のおばさまが駅員としてお勤めだったりして、近所のおじさんがただ話しに来たり、高校生のお客が顔見知りだったりと、人と人の近さも良い。駅舎入口のガラスのはめ込まれた重い木戸を開ける作業すらうれしい。バリアフリー化などで不便な部分は変更しなきゃいけないのは仕方ないとして、できれば見かけは一切、看板一つだって変えないでほしいのが本音！

HOJIKURI STREET VIEW THE FUTURE

築《たてもの》の章

HOJIKURI STREET VIEW THE FUTURE

HOJIKURISTREETVIEWHOJIKURISTREETVIEWHOJIKURISTREETVIEWHOJIKURISTREETVIEWHOJIKURISTREETVIEWHOJIKURISTREETVIEW

一度気づくと
違和感だらけの立地

course

大手町駅すぐの公営住宅

住宅のすぐ横が
首都高速の入口。

千代田区大手町という、日本の中心と言ってもいいような場所に、気になるところを見つけました。

大手町といえば地下鉄5線が乗り入れる地下の大ターミナル駅で、地上は大オフィス街。どこを見ても巨大なオフィスビルだらけで、戸建てどころかマンションも皆無です。人が定住しているイメージが全くありません。

しかし、実はこの駅を最寄りとする住宅があるのです。しかも、公営住宅。千代田区営「内神田住宅」という。

建築は昭和58年なので少し古いけれど、「昭和レトロ」というほどのイメージではない。区の資料で確認すると、間取りは2DKか3DKのようです。6畳、4畳半（3DKは4畳半が2つ）、台所兼食堂、トイレ、浴室（浴槽なし）。「浴槽なし」にはちょっと驚きますが、本人負担で設置可能らしい。

家賃は入居者の所得などにより異なるそうですが、平成27年の募集要項によれば、3DKでなんと最高でも5万円台です。立地と広さを考えれば信じられない安さです。

銘板によると、
高速道路のほうが
断然古い。

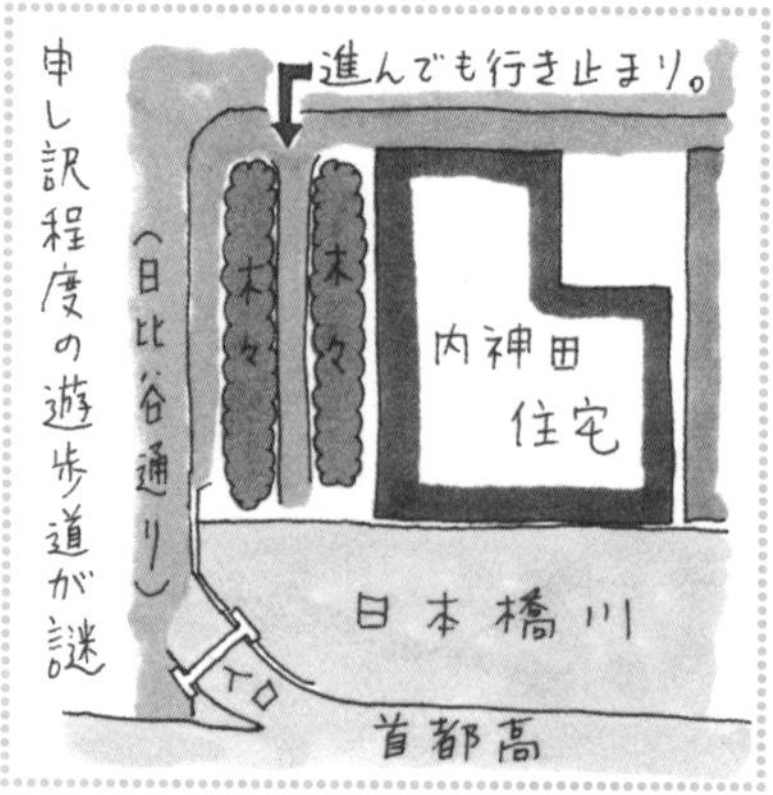

そんなわけで、大手町駅のC2b出口から徒歩3分の「住宅」を見に行ってきました。

大手町の北側は、首都高速の高架とその真下の日本橋川によって神田地域と区切られています。内神田住宅はその首都高速・神田橋入口のすぐ隣の川べりに位置しています。14階建てでけっこう大きいので、その図体のおかげで一見オフィスビルにまぎれているけれど、よく見れば建物の構造が明らかに「団地」です。

ポリバケツ（写真左下）に生活感が出ている。

すごく違和感のある立地……元は空き地だった？

なんというか、非常に落ちつかない立地です。都心部だから当然車通りは激しいけど、首都高入口のすぐ隣というのがそのせわしなさに拍車を掛けています。大手町がすぐそばなので、当然スーツ姿の人たちばかりがせかせか行き交っています。団地から出てきた人が部屋着でコンビニへ、とか、子供を自転車の後ろに乗せてスーパーへ、とか、そういう行動が許されなさそうなほどの雰

遊歩道、どこにも通じていないのでどうも入りづらい。

囲気。14階建ての威容も、この立地では他のビルよりはるかに低いのでした。

団地の脇に立っている「内神田区民集会室」と書かれた看板によると、この団地ができるまでここは「神田橋土木詰所」の敷地で、空き地だったそうです。ここはそもそも江戸時代以来ずっと荷揚げ場として使われた空き地だったようで、明治以降も交番くらいしか建ったことがなかったらしい。どっしりした筆文字で「物揚場跡」と書かれた石碑も立っています。

そんな空き地に初めて建ったのがこの団地。住人が入居してきてからは、この建物だけで一つの町会を作っているらしい。

それにしても、庭や玄関ポーチなど、ふつうの団地なら敷地内にある余白の部分がほとんどない。日比谷通り側に植栽と遊歩道的なものはあるけれど、途中で行き止まりになっていて入りづらい。生活感が出ているのは、ビルとのスキマに置かれた青いゴミ用ポリバケツくらい。

何気なく通りすぎると気づかないけど、一度気づくとすごく違和感のある立地の住宅。いつかここの住民と知り合って、中にも入ってみたい。

[2017年3月取材]

HOJIKURI STREET VIEW THE FUTURE

HOJIKURISTREETVIEWHOJIKURISTREETVIEWHOJIKURISTREETVIEWHOJIKURISTREETVIEWHOJIKURISTREETVIEWHOJIKURISTREETVIEW

この絶景、
まるでチョコクリームケーキ

course

調布市の同じ造形の家が連なる奇妙な“住宅列”

永遠に続くかのような
チョコクリームケーキ。

　この企画は、地図で見ていて何気なく発見した気になるところに行く、というもの。しかし、回を重ねてきたので、いいところはそうそう見つからない。正直、「噂《うわさ》に聞いたところ」だとか、「界隈ではちょっと有名だけど改めて行ってみる」とか、そういうパターンもあります。

　しかし、今回の場所は我ながらよくぞ発見した！　と自画自賛しています。まさに何気なく地図を見ているとき、同じ形の建物が一列だけ、麻雀牌のようにぎっしりキレイに並んでいる場所を見つけたのです。

　新興住宅地はふつう民家が直線的に並んでいるので、そのこと自体はなんらおかしくない。しかし、家々の小ささと、家の輪郭が全く同様に揃っている様子に、なにかピンと来るものがあった。こればかりは長年地図を見ている者の勘としか呼べません。すかさずグーグルストリートビューで見てみる。すると、全く同じ造形の家がほぼスキマを空けず並んでいる！　こ

よく見ると
壁や入りの色が
違ったり。

近くのライオンズ
マンションもよいです。

れは絶景！　行かなければ。

　ということで、調布駅からバスに乗り、寒風吹きすさぶ多摩川河畔に向かいます。

　バスは多摩川に沿って走り、「日活撮影所」という心惹《ひ》かれる名前のバス停で下車。ストリートビューで予習していたとはいえ、角を曲がればすぐに圧巻の景色が広がります。

　3階建てで同じ形の縦長の家がすきまなくびっしりと並んでいる。1階部分の車庫、ベージュ色のベランダ柵のカーブ、狭めの3階と三角屋根、すべてが同じ。ベージュ色のタイルの波がうねうねと続くこの感じ、まるでチョコクリームケーキ。横に広すぎて、全貌《ぜんぼう》を写真に収められません。

同じようで微妙に違う
各家の差異も味！

　ずーっと家に沿って歩きながら数えると、同じ形の家は実に21軒も連続していました（数軒離れたところにも何棟かある）。酔っ払って帰ってきたときに違う家のドアを開けるという話はマンションではよく聞くけど、ここなら戸建てでそういうことが起こりそう。

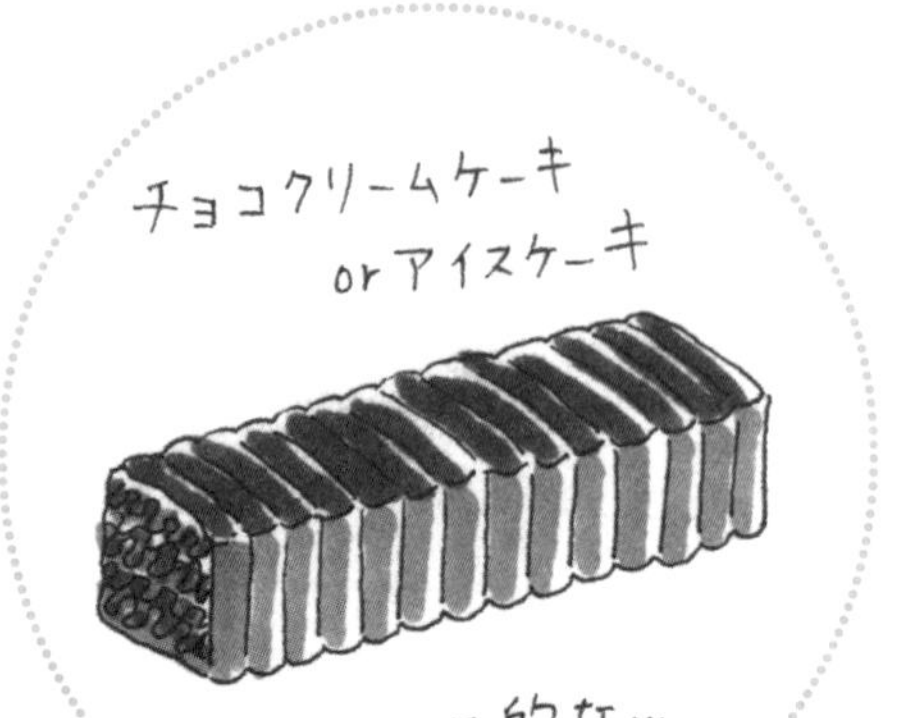

隣には散歩人が
みんな大好きな
団地と給水塔。

しかしよく見ると、一軒一軒は微妙に違います。玄関の位置が左右逆だったり、3階部分の窓の形が違ったり。印象的なベージュ色のベランダ柵は、よく見ればタイルの配置が各家で違ってずいぶんと芸が細かいです。もちろんそのうえに住人の生活感も乗っかっていて、差異も味になっています。

ベランダのへりの色や壁の色が違う家もいくつかあるけれど、最初からこうだったのか、住人が購入後に趣味で変えたのか不明。法則性がランダムなので、後から自力で変えたお家《うち》も多そうです。それでも、21軒もそっくりな家が密集して連続する迫力は失われていません。

この区画の西側にはバス停のとおり古くから日活の撮影所があり、年季の入ったライオンズマンションも立ち並び（一つ隣のバス停はその名も「ライオンズマンション」）、東側には広大な敷地の多摩川団地がある。散歩好きや建物好きにとっては垂涎《すいぜん》の地域です。それでも、つい目を引かれる古めのマンションや団地のなかに、わりと新しめながらこんな奇妙な「住宅列」を発見できたのはとてもうれしい。これぞ「ほじくり」の真髄。

［2017年12月取材］

HOJIKURI STREET VIEW THE FUTURE

HOJIKURISTREETVIEWHOJIKURISTREETVIEWHOJIKURISTREETVIEWHOJIKURISTREETVIEWHOJIKURISTREETVIEWHOJIKURISTREETVIEW

団地と巨大建造物のある
夢のような場所が！

course

市川市の長屋式公営住宅

南から見たデコボコ。
排水管が美しい。

私が好きだった景色に、村山団地というものがありまして。

都内で唯一鉄道の通らない市・武蔵村山市の一角にある広大な団地。その中でも、特に2階建ての長屋風のものが私のお気に入りでした。低くて古めかしいけれど、増築が黙認されていたり、やたら植物が生い茂っていたり、窓枠が木製だったり。当時の人のエネルギーとかわいげが垣間見える物件でした。

しかし今はもう改築されて、2階建てタイプは村山団地から一掃されてしまった。東京近郊からは、このタイプの長屋式公営住宅がどんどん消えているのです。

こういった趣味の私は、最近たまに各自治体のホームページまでのぞいて公営住宅のリストを確かめたりもしています。そんななかで見つけたのは、市川市の国府台県営住宅。昭和35～38年の築。ということは、すでに「アラシックス」。中でも7号棟だけが2階建ての長屋式らしい（ほかは4階建て）。わりと近いので、村山団地の面影を求めて見に行ってみました。

市川駅からバスに乗ると、平日の昼なのに車内は意外にも人がいっぱい。団地の近くには、千葉商科大学と和洋女子大学、2つも大学がある

ペンキ塗りの
木の扉、
窓枠、曇りガラス。

空き家でしょうが、
なぜこんなことに……。

ので、これは大学生にとって重要な路線のようです。

　大学生たちと別れてたどりついた県営住宅は、三角屋根で、1階が南側にデコボコとせり出して、その上がルーフバルコニー状になっているかわいらしい建築。それがずらりとつながり、長屋になっています。壁を一直線に伝う赤く錆《さ》びた排水の樋《とい》がアクセントとなっていて美しい。

　でも、どうやらもう半分以上は空き家みたい。洗濯物が干してある部屋もいくつかあるけど、なぜか室内に大量にゴミが詰まっている部屋、明らかに誰もいないがらんどうの部屋……古いから仕方ないか……。

長屋式団地の奥に
巨大メカ建築物が出現

北側（玄関側）へ回ると、あ、この景色は南側よりも好きかもしれない。整然と並んだ四角い窓、ピンクベージュ色のペンキを塗られた木製の窓枠

奥に重厚な
何かが控えてる。

お寺の裏から見ると、お墓越しにメカ建築。

や玄関扉。部屋番号のプレートもかわいらしい。まるでロシアというかソ連の住宅のよう（行ったことないけど）。規模ははるかに小さいけど、私が好きな村山住宅的な感じが一応現役であることに感激です。

どうやらまだ取り壊されそうにない住宅を見て満足しながら奥のほうへと進んでいくと、予想もしなかったカッコいい建物が現れました。唐突に現れたこのメカメカしい、古くて重厚な巨大建築物はなんだ？

調べてみると、これは平川國一氏の設計による「千葉商科大学体育館」なのでした。大学の存在は把握していたけど、こんなすばらしい建造物があるとは！　しかもこのすばらしい長屋式団地のすぐそばに。

ある点から眺めると、右にはズラッと長屋式団地、左にはこれまたかなり年季の入った4階建て団地、奥にそびえるのはメカ体育館。市川の丘の上には、こんな夢のような場所があったのです。

ちなみに、すぐそばには真間山弘法寺という名刹も。お参りがてらのお散歩もおすすめです。お寺の隣の「ままさんようちえん」の名前には笑っちゃいます。

［2018年1月取材］

HOJIKURISTREETVIEWHOJIKURISTREETVIEWHOJIKURISTREETVIEWHOJIKURISTREETVIEWHOJIKURISTREETVIEWHOJIKURISTREETVIEW

どっかの名監督、
ここで映画を撮ってください

course

牛久市の木造平屋建て公営住宅

この景色
気持ちが
ぎゅーっと
なるんだよね。

一つ前でアラシックスの団地を紹介しましたが、思い返せば私が育った北関東の街にも似たようなところがあったことを思い出しました。いや、当時からもっと古く見えていました。

かつて私は小学生の頃、友達と自転車でふらっとこの一角に迷い込んだのでした。牛久市は東京のベッドタウンで、当時は築年の新しい戸建てが多い街。しかし、初めて来たここは、真っ黒くなった小さな木造の平屋建てだけが立ち並び、数十年タイムスリップしたかのよう。驚いてテンションが上がり、区画内をぐるぐる走り回っていると、明らかに不良（当時、ヤンキーとは呼んでいなかった）の中学生に声を掛けられ、からかわれて、震えて逃げ帰った記憶があります。

話がずれた。ともかく、思い出深いこの場所が2018年にまだ残っているということを知って私はびっくりしたのです。

正式名称は、牛久市営猪《しし》子《こ》住宅。

牛久市のサイトを調べてみると、猪子住宅は昭和34～47年の築とあります。つまり最古のもので築約60年。数字だけだと前項の団地とさほど変わりませんが、何しろ見た目が違う。れっきとした公営住宅ですが、戦後すぐの木造一軒家

舗装状況は
こんな感じ。
これすら懐かしい。

洗濯物、赤いポスト。
アンテナだけ新しい。

というたたずまいです。

ちなみに市のサイトにはほかにも昭和30年築の落合住宅を筆頭として昭和30年代築の市営住宅がごろごろあり、垂涎モノですが、猪子住宅以外はわずか数戸残っているだけ。猪子ほど大規模に現存している地域はありません（ここは50戸以上はあるはず）。

住んだことはないのに胸を締めつけられる郷愁

さて、牛久駅からバスに乗り、思い出の場所へ。道を一本入ると、あの頃とほとんど変わらない風景が現れました。三角屋根の、黒くなった木造の平屋がかわいく並ぶ。道に面する部分は生け垣で目隠しがしてある。空が広い。

さすがに当時よりは戸数が少し減り、空き家も多いけど、それがむしろ戦後の焼け跡にようやく家が建ち始めた風景のようで猛烈に味があります。この手の住宅にありがちな、自由な改築・増築もほとんどされていない。

道路の舗装状況は悪く、ひびの入っ

こんなお家が
たくさん
たくさん。

「ぐるぐる大帝国」のリアリズム。

た部分をアスファルトがまだらに埋めていて、道路の真ん中部分がやや盛り上がっている。道端の側溝には蓋もない。道筋は縦横に整然と引かれているけれど、車がすれ違える幅ではない。私が小学校時代、私の家の周りの道路状況もこんなだったなあ。

　黒い木の板壁、「家の絵を描け」と言われたとき誰もが描くようなシンプルな形の三角の瓦屋根の建物、低い物干し竿に干された洗濯物、玄関先の赤いポスト、庭先の家庭菜園、壊れた庇《ひさし》、軽自動車、ひょろりと高い八木アンテナ。

　実際、ここまでの条件が揃った景色の中に住んでいたことはなかったんだけど、胸を締めつけられるほどの郷愁が私を襲う。ね、どっかの名監督、ここをロケ地にして戦後や昭和30年代モノの映画を撮ってよ。キャメラの向きさえ気をつければ、空は広くて後方にビル一つ映らないよ！

　ただ、少し向きを変えると「ぐるぐる大帝国牛久店」（郊外型のドンキっぽい店）が映って台無しだから気をつけて。この店の存在だけが唯一、21世紀のリアリティだ。

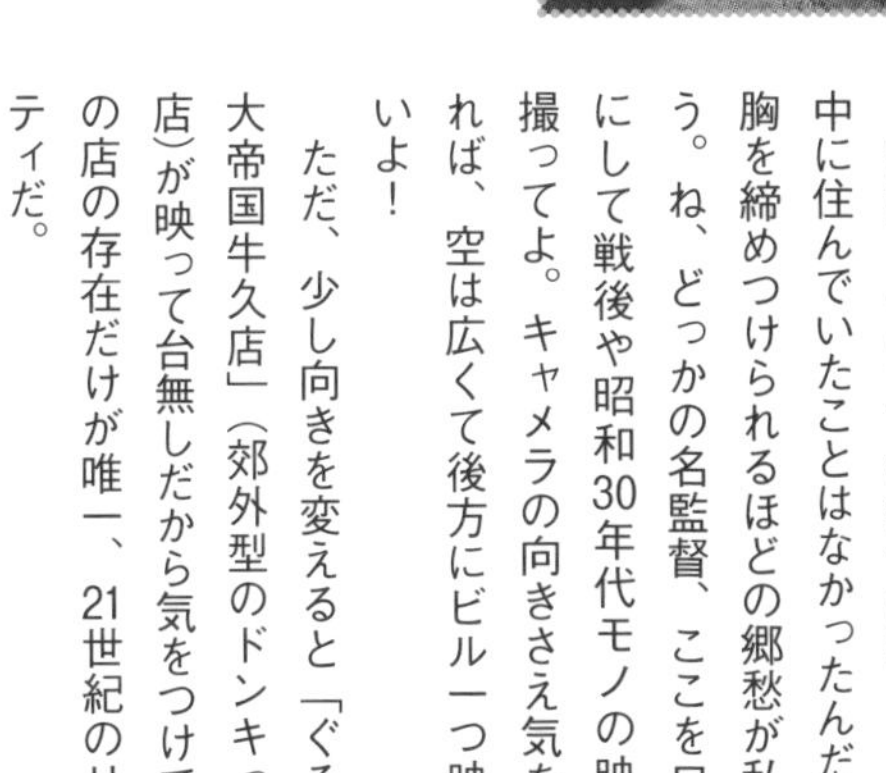

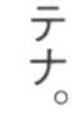

［2018年2月取材］

HOJIKURISTREETVIEWHOJIKURISTREETVIEWHOJIKURISTREETVIEWHOJIKURISTREETVIEWHOJIKURISTREETVIEWHOJIKURISTREETVIEW

団地が宙に浮いてる!
どこから見てもときめく建築

course

横浜市緑区の竹山団地(池が中心)

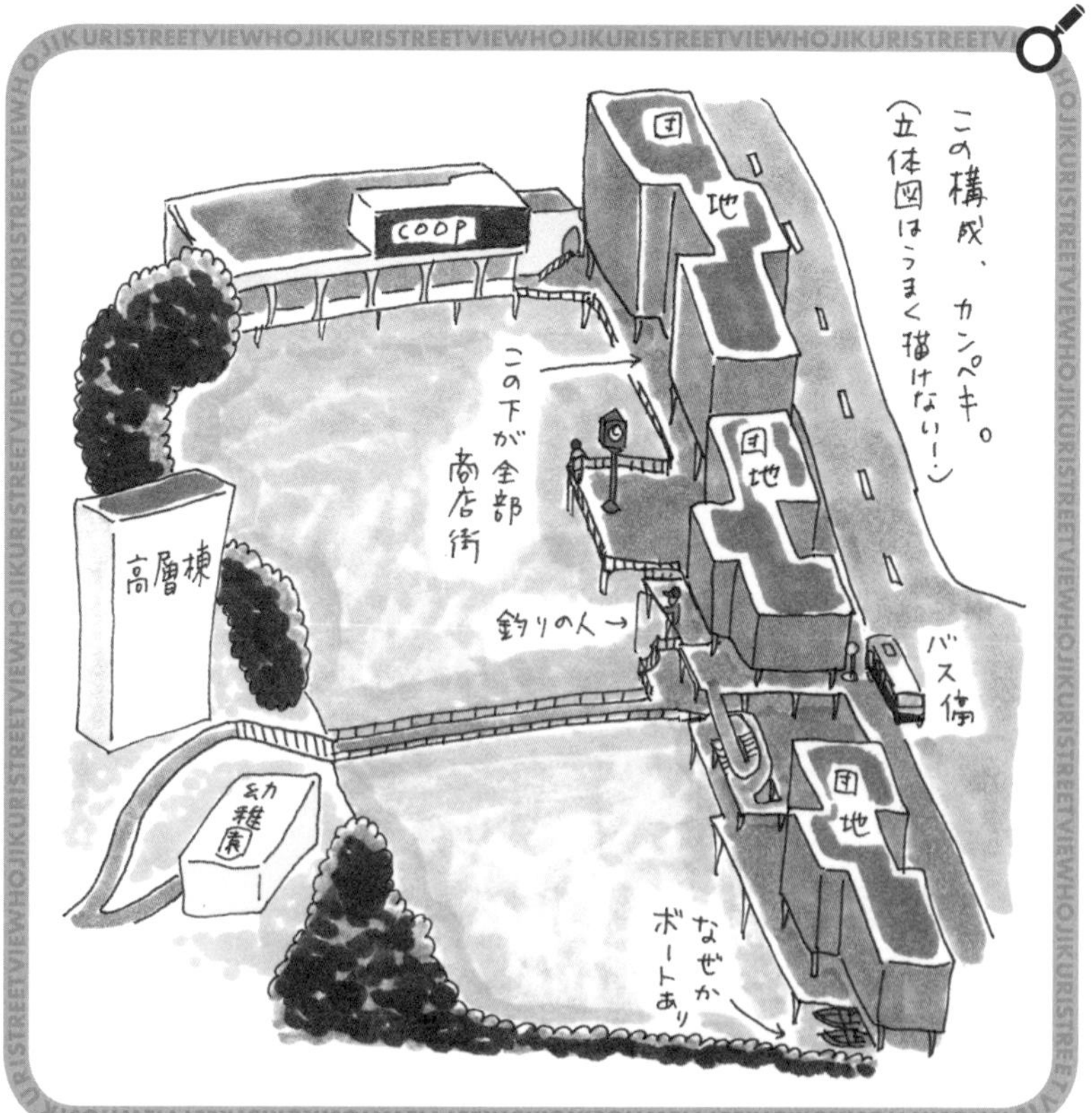

どこがどう
なってるやら、
3Dの複雑な構成。

横浜市内にはものすごくたくさんの団地があるのですが、断然おすすめなのは竹山団地です。いや、住むかどうかというより、風景として。

竹山団地は巨大です。そのなかでも私が見たかったのは、鴨居駅からバスに乗り、坂を上りまくって終点まで行ったあたり。はっきり言って交通の便はかなり悪い。しかし、ここはそこまでしても来る価値があるのです。地図を見て私は心をときめかせていました。

大きな池があり、そしてそれを取り囲むように団地があり、そこに郵便局、銀行、スーパー、商店街、さらには保育園と幼稚園と小学校と病院も集中している。団地ってのは徒歩圏内で何でも済むように設計されているものが多いけど、そのど真ん中に池があるっていうのは珍しいし、この池を渡って向こう岸の団地に行けるように真ん中に橋まで架かっていて、水との距離が近い。調べると、この池はわざわざ作られた人工池らしい。隔絶された山の上（言い過ぎ）にある人工都市でしかも築年が昭和40年代と古い。永遠に続く理想郷のような空間です。ぜひ見たい！

あっバスが来ちゃった！
遅刻遅刻！……って
言ってここを走りたい。

全体が建築として
とにかくすばらしい！

ということで現地に来ますと、まず建物そのものにわくわくします。だって、いきなり四角い団地が宙に浮いてるんだもん。

バス停からすぐの棟は1階部分がなく、階段への入口以外は広い空きスペースになっている。住居部分の入口はかなり小さく、階段は螺《ら》旋《せん》形。池へと下りる階段は複雑に配置されていて、地下1階にあたる部分に水辺を取り囲むように商店街が配置されている。橋を渡れば向こう岸の丘の上に見える高層棟や幼稚園に行ける。池を眺められる広場には、いくつかのベンチとかわいい時計台が。

円くてかわいい入口。
この先の階段が螺旋。

平成も終わりかけの世に こんな景色があるんて

どこをどこから見ても飽きない建築。私はいろいろなところの階段を上り下りし、スーパーの中の柱や天井にも感動し、建築家が思いの丈をほとばしらせたであろう細部の意匠にいちいち感心していきました。

そして、ここにいて何よりユートピアっぽさを思いにふける少女。
やらせのような風景。

感じるのは、人が多いこと！

団地ってものは各所で高齢化が進み、建物はすてきだけど商店はシャッターだらけ、歩いているのもジジババばかり、みたいな例が多いものです。しかし、ここはご老人が池に釣り糸を垂れ、その後ろでは親子がボールで遊び、団地の地階の和菓子屋で店主と客が世間話をし、時計台の広場でひとり池を見ながら思いにふける女の子がいる。そのそばでは自転車に乗ったまま中学生の男女が「好きな人いるでしょ～？」「いねーよ！」とか言い合ってる。日曜日の薄曇りのお昼、なんて平和な光景！

平成も終わりかけの今、新興の高層マンションではなく、築年の古い団地の周りにこんな穏やかな日常があったなんて。私はこの景色を俯瞰《ふかん》したくて、あえて池の向こうの階段の上まで行って、ベンチに座ってしばらく見下ろしていました。ふわふわとした不思議な気持ちになりました。

しかし、今回の散歩はここだけでは終わらない。ここから歩いて峠を越え、兄弟みたいな名前の「笹山団地」に向かうのです。次のページへ続く。

[2018年6月取材]

HOJIKURISTREETVIEWHOJIKURISTREETVIEWHOJIKURISTREETVIEWHOJIKURISTREETVIEWHOJIKURISTREETVIEWHOJIKURISTREETVIEWHOJIKURISTREETVIEW

円の中の建物には
子供たちの声が響いていました

course

横浜市保土ケ谷区の笹山団地（円い敷地が中心）

公社、厳重に部外者を阻むフェンスと看板。

資材置き場やコンテナボックスが散在する殺風景な峠道をしばらく歩いて、竹山団地から笹山団地に向かいます。兄弟みたいな名前なのに、両団地を結ぶ路線バスはないのです。

笹山団地は何が気になるかというと、その区画の形状。地域を囲む太い外周の道はいびつに曲がった四角形で、その中心に小さな真円がある。真円の区画に何らかの建物がポツリとある。これはなんなのか。行って確かめたい。

北側から笹山団地区内に入って、外周の道のさらに外側にある棟が見えてきました。4階建てでエレベーターのない形。竹山団地よりもかなり古びて見えますが、何しろこっちも築50年近い。植物にたくさん囲まれていて建物と建物の間にかなり余裕があり、のどかな雰囲気です。

しかし、外周の道につきあたる信号の向こうに、なにやら不穏な看板が見えてきました。近づいて読むと、

「フェンス内は（分譲）公社団地です／（県営）笹山団地ではありません／公社住宅管理組合が管理する分譲住宅団地であり、許可なく敷地内や建物に入れません／公社分譲住宅管理組合」

なんだこれは。

県営、ベランダにカラフルな個性が見える。

かつてプールがあったのにはびっくり……。

地図で見ただけでは分からなかったのだけど、どうやらこの笹山団地は、分譲の公社団地と県営の団地に分かれるらしい。外周道路の内側の、北側半分だけが公社団地らしいのだ。

そして、古びた県営団地はゆる～い雰囲気でどこにでも足を踏み入れられそうなのに対し、小綺麗な公社団地側には物々しい看板がやたら立っている。巨大な字で「私有地／住民以外立入禁止」と書いてあるほか、「犬 連れ込み禁止」「私有地に付き諸車進入禁止」「自転車乗り入れ禁止」という札がたくさん立ち、有刺鉄線付きのフェンスで厳重に囲まれている。

なぜここまで異様に侵入者に厳しいのか……怖い。何も知らない部外者の私としては、もちろん公社側には立ち入らないでおきます。

気になっていた中心の円内にあったのは、団地の集会所でした。赤く塗られた庇《ひさし》と円形の明かり取りが印象的なとてもかわいい建物です。どう使われているのかよくわからないけど、子供たちの声がキャッキャと響いていました。

入口ではこんなオブジェが迎えてくれます。

円の中には
ポップな赤屋根の
建物があります。

高度経済成長期の明るさを思う街並み

そこから南東に向かう直線の道は、横浜の街が遠くに見える非常に見晴らしのいい下り坂。この道には車止めがあって、歩行者専用のようです。両側の並木を眺めながら爽やかな気持ちで下りていくと、なんと道の脇にはかつて使われていたであろう小さなプールがありました。下りきったところにはバス停があり、ここから横浜駅まで直行できます。おそらくこちら側が正式な団地の入口。坂の上り口には「笹山団地」と彫られたオブジェが迎えてくれます。

　ここ、造成時はさぞかし美しい街並みだったのでしょう。いや、もちろん今でも年を経た美しさがあるんだけど。メイン通り沿いの小さなプールに子供たちがごった返したり、そこらじゅうで草花摘みをしたりしていた時代があったのだと思うとグッと来ます。高度経済成長期の明るさの名残がある。

　公社と県営の雰囲気の違いはちょっと気になるけど、集会所ではきっと公社の子も県営の子も混ざって遊んでるよね。

[2018年7月取材]

HOJIKURI STREET VIEW THE FUTURE

HOJIKURISTREETVIEWHOJIKURISTREETVIEWHOJIKURISTREETVIEWHOJIKURISTREETVIEWHOJIKURISTREETVIEWHOJIKURISTREETVIEW

「シャッター商店街の、その先」の新しい何かだ

course

新越谷のアーケード商店街

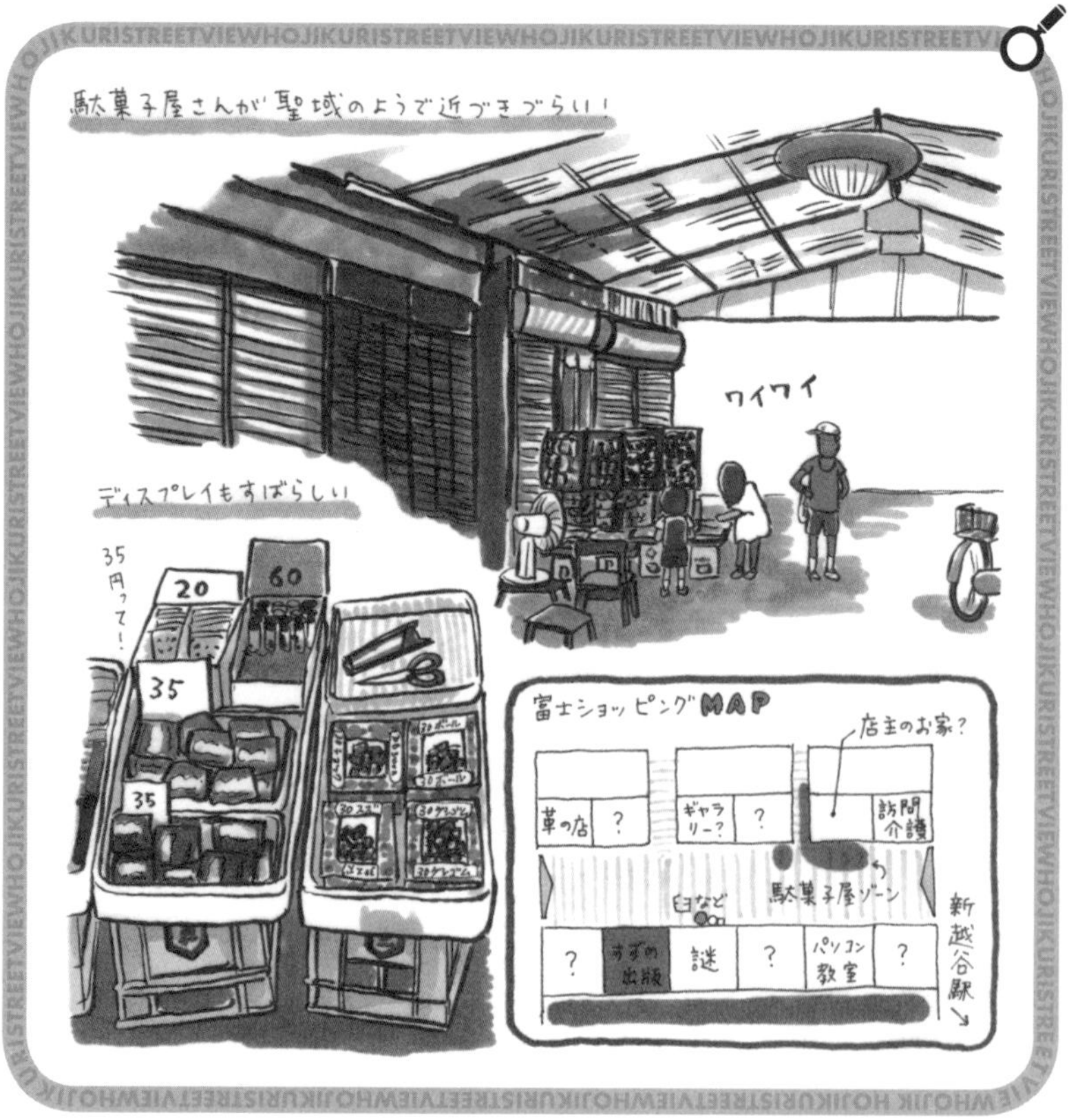

住宅地にぽっかりと
魅惑の入口。

懇意にしている古本屋さんのＳＮＳから、また別のおもしろそうな古本屋さんを知りました。何気なくそのお店の立地を調べると、何かおかしい。郊外の駅から離れた場所なのに、アーケードがある。なぜこんなところに古本屋を？　というか、なぜこんなところにアーケードがあるの？

ということで新越谷（南越谷）までやってまいりました。駅前は栄えていますが、目的地に向かって線路沿いを北へ歩きだすとすぐに住宅地になり、まったくお店はなくなります。ただただ一戸建てが続く景色。この先にアーケードなんて本当にあるのか。

線路から離れ、駅から徒歩10分。コンビニの向こうに見えてきました、「富士ショッピング」なる大きな看板が。

アーケード商店街の名前が「富士ショッピング」のようです。地名でもなく、なぜ「富士」なのか不明。看板には名もなき鳥さんのマーク。アーケードの屋根は青と白の透明の波板でつぎはぎになっていて、ＵＦＯみたいなオレンジ色の照明がついています。かわいい。

正直、いわゆるシャッター商店街だろうと予想はしていました。しかし、これは「シャッター

こちらが『すずめ出版古書部』。
ゲーム系に強くセレクトも素敵。

屋根があるから
成り立つ
奇跡ですね。

これが
オール1000エンの札だ。
どこまで「オール」なの？

商店街の、その先」です。店がほとんどないのに奇跡的にアーケードの屋根が残っているおかげで、客がいないとか寂れてるとかじゃない、新しい何かになっている。

思わず疑ってしまう あまりの「出来映え」

屋根のある部分に面しているのは、新規オープンの古本屋『すずめ出版古書部』のほか、パソコン教室、訪問介護センター、新しそうな革製品のお店。それに加えて、強烈な風景が二つ。トルソーと臼などが雑然と置いてある前に「このラック、オール1000エン」という札が出ている前衛芸術のような何か。そして、店舗のない、時が止まったような駄菓子屋！

駄菓子屋さんは路面にちぐはぐな椅子をいくつも置き、醤油のケースの上に商品を並べています。置かれているのは、厚紙に「10」とか「35」とかマジックで書かれた値札が差し込まれたきなこ棒やスナック菓

ゲーム類も
おそらく現役。
いつからの
ものなのか……。

ホコリかぶりまくりだけど
キュートな照明。

子、見たこともない70円のミニカップ焼きそば、鈴の形のくじ、スーパーボール、一体いつのものか分からないピンボールゲーム機（もちろん現役）……。

　こんなお店は、確かにこのアーケードにとても似合う。だけど、令和を迎えたこの年に、ここまでオールドスタイルなものが埼玉の郊外にあるなんて。あまりの「出来映え」に、私は最近わざわざこういう店を作ったのかと疑ってしまいました。しかし、店主はちゃんとおばあちゃんだし、子供も当たり前に遊びに来ている。その中に黒人の男の子がごく自然に混ざっているところが令和です。私はいつもだったら駄菓子屋を見つけると何か買いたくなるんですが、この日は遠慮してしまいました。私みたいな大人が入っちゃいけない。現役の、子供だけの聖域であってほしい。

　すずめ出版の今井さんは、昔から古本屋をやりたくて、実家の近さや物件の安さなどでここを選んだらしい。いや、ここ、大正解だと思います。時のゆがんだ短いアーケードと駄菓子屋も含めて、わざわざ新越谷から10分歩いて行く価値のある場所です。

［2019年7月取材］

HOJIKURI STREET VIEW THE FUTURE

クレーンチンアナゴの絶滅前に、のんびり“海中散歩”を

course

晴海埠頭の選手村建設地

クレーン
チンアナゴの群生！

晴海埠頭《ふとう》に行ったら、チンアナゴが大量発生していました。

　チンアナゴってご存知でしょうか。海底の砂地に穴を掘って細長い身体の半分を埋め、曲がった頭をひょろっと水中に出してゆらゆらしているかわいい生きもの。敵が来たらひゅっと穴にもぐる。あれが晴海埠頭にたくさんいたんですよ。海中じゃなくて地上に。

　というのは、クレーンのことなんですけど。

　いま晴海埠頭は、東京オリンピックの選手村づくりのために超大々的に工事中です。だから、まだ何もないだだっ広い地面の上に、異常な数のクレーンが鎌首をもたげているのです。その風景は完全にチンアナゴの水槽。独特の角度で首を伸ばす大量のクレーンを見ていると、だんだんかわいく思えてきます。

　オリンピックムードにはまるで乗り切れない私ですが、こんな私でもオリンピック関係で興味を持てるものがあったのだ。

　ということで、ひょんなことからその風景を知った私は初めて晴海埠頭に行くことに。晴海埠頭はよくバスの行き先表示で目にする地名ですが、ほかに最寄り駅もないし、まず用のない場所です。銀座あたりからバスに乗って向かうと、

寄生型チンアナゴと
人工芝のバス停。

バス停から
乗り場まで、
遠すぎない？

終点の2つ前あたりからもうどこもかしこも工事中。そして、フェンスの向こうには何十何百のクレーンチンアナゴの群れ！

　クレーンチンアナゴには、いろんな種類がいるようです。尾が黄色くて頭が黒いもの、紅白で身体が網目状になっているもの、全身赤いもの、灰色のものの上に寄生する形で紅白がのっかっているもの。それぞれ、海中……いや青空に思い切り身体を伸ばし、頭だけ曲げてたたずんでいます。遠くに見える高層ビルも遠近法で小さくなり、海中の岩に思えてきます。

　どの個体も、頭の部分から長い糸を垂らしていますが、これは何かエサを捕食しようとしているのでしょうか。まだこのクレーンチンアナゴの生態については解明されていない部分が多いようです（嘘《うそ》です。何かを吊り下げているだけです）。

すべてのものが「仮」なのも見どころ

このあたりはただただどこも工事中なので、ク

遠くの高層ビル群も海底の岩に見える。

レーンチンアナゴの群れ以外にこれといって書くべきものもないのですが、工事の影響で道路の幅が変わっていたりルートが変わっていたりするので、バス停がそれに応じておかしなことになっているのも見どころでした。

というのは、道の拡幅工事のせいで、本来のバス停から実際にバスに乗れる場所までが極端に離れてしまい、道路上に大きく「バス停」と書いてある看板が置いてあるのです。ややまぬけな風景です。臨時バス停には、なぜか人工芝で覆われた踏み切り板みたいなものが設置されています。すべてのものが「仮」という感じで、落ちつかないのがおもしろい。

ともあれ、クレーンチンアナゴの大量発生という季節の風物詩（嘘）が見られるのも今だけ。もう少し時が経てばこのあたりは選手村の群生地になり、クレーンチンアナゴは近辺の生態系からは絶滅してしまいます。

……と、取材時には書きましたが、いろいろあったオリンピックもともあれ終わった今、この群生地は一体どうなったことやら。私が再びここを訪れるのはずっと先のことになりそうです。

［2018年3月取材］

HOJIKURI STREET VIEW THE FUTURE

HOJIKURISTREETVIEWHOJIKURISTREETVIEWHOJIKURISTREETVIEWHOJIKURISTREETVIEWHOJIKURISTREETVIEWHOJIKURISTREETVIEW

ああ、よい。
青空を渡るパイプをくぐるのだ

course

足立区新田と北区志茂にまたがる日本化薬の工場

パイプが
またいでるー！

この回は、時系列としてはＰ１５８の回の続きとなります。Ｐ１５８では、「日本化薬」の敷地を結ぶ渡し船の話を少ししています。

しかし私は、日本化薬さんが川の両岸に船を渡していることよりも、道路の両岸（?）にパイプを渡しまくっていることのほうに興味があるのです。

道路をまたいで何かを渡してあるところって、いいですよね。大きな病院や役所やデパートなどが道路を挟んで向かい合っていて、5階くらいの上空に、双方をつなぐ通路が渡っている風景とか。ああいうの、いいよねぇ？　いい、ってことで話を進めますよ。

ついでに、私はもともと工場の風景が好きで、なかでも複雑に張り巡らされたパイプにグッときます。これだけの数のパイプの一つ一つに意味があり、どの管にも何かが流れていてこの巨大なシステムを動かしているんだ……と思うと、工場が生きもののように感じられてくるわけです。

だから「道路の上空渡し」＋「工場」は私にとって大好物。これってまるで、自分の巨体を支える栄養分をまかないきれなくなった工場が、別の場所まで触手を伸ばしているようです。道路

青空より
青いドアが
中空にある。

ぽらぽらパイプが
またいでるー。

を挟んだ2つの工場が上空で結ばれているのは、病院やデパートの例以上に「自然の神秘」という感じがするのです（思いっきり人工だが）！

少々話がずれました。工場のパイプが道路をまたいでいるのは工業地帯では時々見る風景ですが、今回の場所は工業地帯とはいえず、住宅地からほど近い所なのでなおさら好みなんです。というわけで見に来てみました。

謎めいていて奇異な
この街の子の原風景

足立区の新田一丁目のバス停から北方向に入っていくと、荒川と隅田川に挟まれた三角形の地帯にちょっと古めかしい工場たちが現れます。

いちばん手前の事務棟と思われるあたりから、パイプは複雑怪奇に張り巡らされている。ほとんどのパイプは灰色だけど、わずかに赤いものがあるのがいいアクセントになっています。そのなかの数本だけが道路の向かい側にある別棟までつながり、道路の上空

青空の下、
パイプは
からまりまくる。

新田には
こんな蔵もあって、
意外と奥深い。

を渡っています。青空を渡るパイプ。ああ、よい。私はそこをくぐるために、意味もなくその道路を往復してしまいました。

荒川の土手から見下ろす工場の裏手は、これまた壮観です。縦横斜め、すさまじい数の配管。工場棟の上層の壁には大きな扉がいくつも開いている（階段などがなく、ドアから出たら落ちる）。大型機械の搬入用だろうか。謎めいていて奇異で、よい。

隅田川の向こう、志茂側の建物にも行ってみました。渡し船は使えないので橋を使って遠回りして渡り、ゴミゴミした住宅地を抜けて川の方へ進むと、ここにもやっぱりパイプが空をまたいでる。住宅地から近い、なんてことない道の上空を灰色のガチャガチャしたパイプが渡っている。

川沿いの少し太めの道には「通学路」の看板が立っているけど、その道の上空にも太い鉄骨に守られたパイプが渡してあります。小学生は毎日このパイプをくぐって学校に行くんだね。この景色を原風景として、工場や化学に興味を持つ小学生が増えたらいいな（なかなかないと思うけど）。

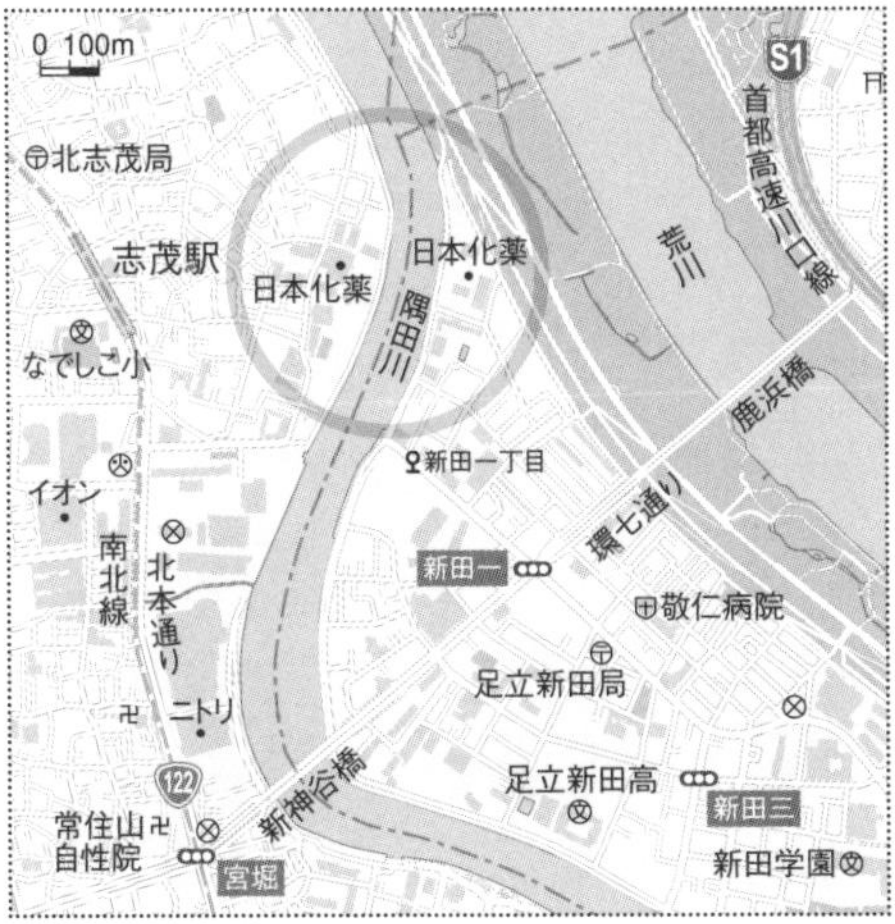

［2019年3月取材］

HOJIKURI STREET VIEW THE FUTURE

HOJIKURISTREETVIEWHOJIKURISTREETVIEWHOJIKURISTREETVIEWHOJIKURISTREETVIEWHOJIKURISTREETVIEWHOJIKURISTREETVIEW

住宅地に突如そびえ立つ
ミニポンピドゥー

course

大泉学園の巨大ショッピングモール

パイプ？ チューブ？
の中をニューッと上る。

なんとも中途半端なところに巨大ショッピングモールがあると心沸き立ってしまいます。

郊外なら分かるんです、土地はあるだろうから。しかし東京23区内となると、なぜこんなところに？ と思って、歴史を追いたくなってしまいます。23区でそんな広大な土地が余っていることはまずないので、巨大モールが建つ前に何らかの大きな施設だった可能性が高いわけです。池袋サンシャインができる前、あの土地が東京拘置所だったのは有名な話。東京ミッドタウンも、開発前は防衛庁本庁舎でした。

で、今回の題材は「リヴィンオズ」です。

といっても、東京都民でもあまり知らないよね。練馬区の大泉学園駅から1キロほど離れた、バイパス沿いってわけでもない住宅地のなかに急にどーんと立っているショッピングモール。83年創業で、35年の歴史を誇ります。ここは東映撮影所のオープンセットの跡地だそうです（撮影所

エアコンの多さが
夏の厳しさを
物語る……。

異常に天井の高い
5階美容室（元スタジオ）。

自体もまだ健在）。リヴィンオズの向かいにはシネコン（T・ジョイSEIBU大泉）もそびえ立っています。唐突な立地が不思議な物件です。

　ただ、このリヴィンオズに関しては、立地の中途半端さだけじゃなく、建物そのものを見に行きたかったんです。

　建物側面にうねうねと這《は》うパイプ。このパイプにはエスカレーターが詰まっているんですが、デザインは完全にパリのポンピドゥー・センターを意識したもの。このミニポンピドゥーを味わいに来たのです。

　建物に入るといきなり左側に、上りと下りが平行に配置されたエスカレーターがずーっと続きます。透明なパイプの中をのんびり進むさまはまるでレトロなSF映画。これは楽しい！

　よく見ると、やたら多くエアコンが配置されているのが気になります。そうか、このパイプのデザインはかっこいいけど、確かに日射しの強い真夏にはサウナ状態だろうな。最上部に幕が張ってあるのも日光対策かも。ステキなデザインにはこういう落とし穴があるよね……。この日は幸い曇り空だったので快適でしたが。

パイプ形ドトールは居心地よかったです。

まるで水槽の中みたいなパイプの端には……

5階まで一気に上ると、さすがに35年の歴史は隠せない。このフロアは、天井の高いスタジオだったと思われるところがそのままテナント貸しされて奇妙な美容室になっていたり、妙にガランとしたスペースがあったり。でも、レストランフロアはまだまだ元気。

また同じエスカレーターで帰ろうとしたとき、にわかに空が暗くなり、ゲリラ豪雨が！　運がいい！　なぜかって、この透明なパイプに真上から豪雨が降り注ぐ様子を見ながら悠々とエスカレーターで降りるなんて、なかなかできないじゃない。水槽の中を移動してるみたい。

ワクワクしながら一気に1階に降りると、パイプの端はドトールになっていた。おそらく日本で唯一と思われる、透明パイプ形店舗のドトールです。

この建物はパイプを隅から隅まで味わわせてくれるつくりです。パイプが楽しすぎて、買い物をせずに満足してしまいました。すみません。

[2018年8月取材]

HOJIKURISTREETVIEWHOJIKURISTREETVIEWHOJIKURISTREETVIEWHOJIKURISTREETVIEWHOJIKURISTREETVIEWHOJIKURISTREETVIEW

あまりにも長い！
この交差点をぜひ名物に

course

高根台団地近くの長すぎる交差点名標識

読ませる
気はなさそう。
ギッシリ。

交差点の信号に、地名を示す標識がついていることがありますよね。白地に青い文字で書いてある、あれです。詳細な道路地図には、きちんとその標識の文字が明示されています。

ある日、グーグルマップで気になる団地のあたりを見ていると、その近くの信号標識として、「市立船橋特別支援学校高根台校舎前」という文字が書いてある。

あまりにも長い。地図上では4行になっていて、思わず二度見。数えてみたらなんと16文字です。実際、現地ではどう書かれているんでしょうか。この手の標識にはふつう英語も併記されているけど、英語はもっと長くなるのでは。標識に入りきるんでしょうか。

気になったので現地に飛びました。最寄りは新京成電鉄の高根公団駅。日本住宅公団（現：都市再生機構）の高根台団地が作られたために、こんな堅い名前になっています。

駅前のゴミゴミぶりもちょっと気になりましたが、まずは例の標識へ。駅から歩いて数分、見えてきました。

あ、日本語は2行になってる！　文字がぎっしりだ。車でパッと通りかかってこれを読める人

これぞ
昭和商店街！

節度を持って
与えるなら
いいのかな……？

はほぼいないでしょう。

下段に書かれた英語に至っては、近くで目をこらしても厳しい。「Funabashi Municipal School for Special Needs Education, Takanedai School」と、英訳された言葉がむりやり1行に納められています。一文字一文字が、縦長にぎゅうぎゅうにつぶれてる。

この交差点は三叉路＋細道という形の十字路なんだけど、この看板は同じものが3つだけ設置してあり、北側から見たときだけはなぜかこの看板がありません。これだけの長さだと全国一の可能性もあるので、ぜひもう一つ設置して、名物にしてほしいものです！

平日昼間の街に響き渡るのは……

さて、目的は果たしましたが、駅周辺がおもしろいので散歩。このあたりの開発は昭和30年代と古いため、かなりの郊外にもかかわらず、駅前には今どき東京の下町でも珍しいくらいの昭和感あふれる商店街が残っています。南口には車がすれ違えない細い道沿いに商店がしっかり続いてい

南の店舗のない八百屋（イラストのとは別）。

こういう
お店（残骸）が
駅前にあるのも
いい。

て、決してシャッター街になっていない。駅下すぐにたい焼き屋さんがあったり、店舗を持たない路上の八百屋（?）があったり、駅近くに街の本屋さんがまだ残っていたり（名前もいい。『はつらつ書房』！）。散歩好きにはたまらない街並みです。

北口には団地があってわりと道も広いですが、こちらにも、店舗から路上から隣の駐車場のフェンスにまで野菜をおっぴろげている豪快な八百屋がある。小さなおばあちゃんが大きな声を出して野菜を売っています。

そこに近所のおじいちゃんが通りかかりました。常連かな。

「それ、縮んでるから安いの！　おめぇの金◯みたいにな！　おめぇの◯玉縮んでんだろ？　おめぇの金◯みたいに縮んでんだぞ！」

うひゃー！

平日昼間の街に響き渡る、ばあちゃんの「金◯」連呼……。

おじいちゃんは特段の反応もせず野菜を品定め。高根公団近辺、ものすごく強烈な街だ。信号看板だけのために来たけど、まだまだ掘り甲斐《がい》がある。

［2018年12月取材］

HOJIKURISTREETVIEWHOJIKURISTREETVIEWHOJIKURISTREETVIEWHOJIKURISTREETVIEWHOJIKURISTREETVIEWHOJIKURISTREETVIEW

30分間で5台しか
車通りませんけど……

course

交通量の少ない道になぜか立つ信号

信号の先の道(牛坂)はこんなに狭い

これがその信号だ！
ここで写真撮ってても
まず車は来ない。

小石川仲町の曲がりくねった小路、常泉院の奥に、なぜかぽつりと信号が立っていたという。

……えーと、ぎこちないですが、時代小説っぽい書き出しにしてみました。このクランクの道はどうやら江戸時代から存在していたようなので、つい。現在の文京区、春日通りの富坂を上って、富坂上交差点を左に入る道です。

この不思議な信号がある場所には、そもそも交差点がない。道路は車がすれ違える程度の幅だけど、何度もクランクがあって走りづらいし、そこから南に進むと極端に道幅が狭くなります。なんでこんなところに信号があるのだろうか。

と言いつつ、実は地図を見た時点で答えはほぼ見えていました。

信号の東側にあるのは、筑波大学附属大塚特別支援学校。学校のすぐ前に信号がある風景って、たまに見かけますよね。生徒の安全と教育のために設置されているんでしょう。

それにしても、地図で見た感じでは交通量は超少なそうです。この信号、生徒以外に使う人なんているんだろうか。

ということで、現地へ行ってみました。富坂上交差点から左に折れ、問題の一本道に入った時点

紅梅まつりの最中。
ささやかな
いい神社です。

神社入口は道が狭くて車に不向き。

で車通りはほぼゼロ。車道の真ん中をのんびり歩いても全く問題なく、ぶらぶら進んでクランクを二度曲がると、あったよ、信号。押ボタン式です。横断歩道もちゃんとあります。

押ボタンの優先度ハンパない！一体誰が使うのか

せっかくなので、ボタンを押してみました。なんと、押したら2秒ほどで車道側の信号が黄色になります。歩行者信号はそれから6秒程度で青になりました。押したらすぐ青になると言っても過言ではない。

その後何度か試してみたけど、歩行者信号が赤になったときにすぐボタンを押したら、また数秒ですぐ青になります。ここの押ボタンの優先度、ハンパない。

それにしても、ここには予想以上に車が来ません。

調べに行った土曜の午後4時から30分間数えてみたら、信号の場所を通過した車はなんとたった5台！　つまり、6分に1台しか車が通らない超閑散道路です。当然、歩行者用ボタンを押した人も

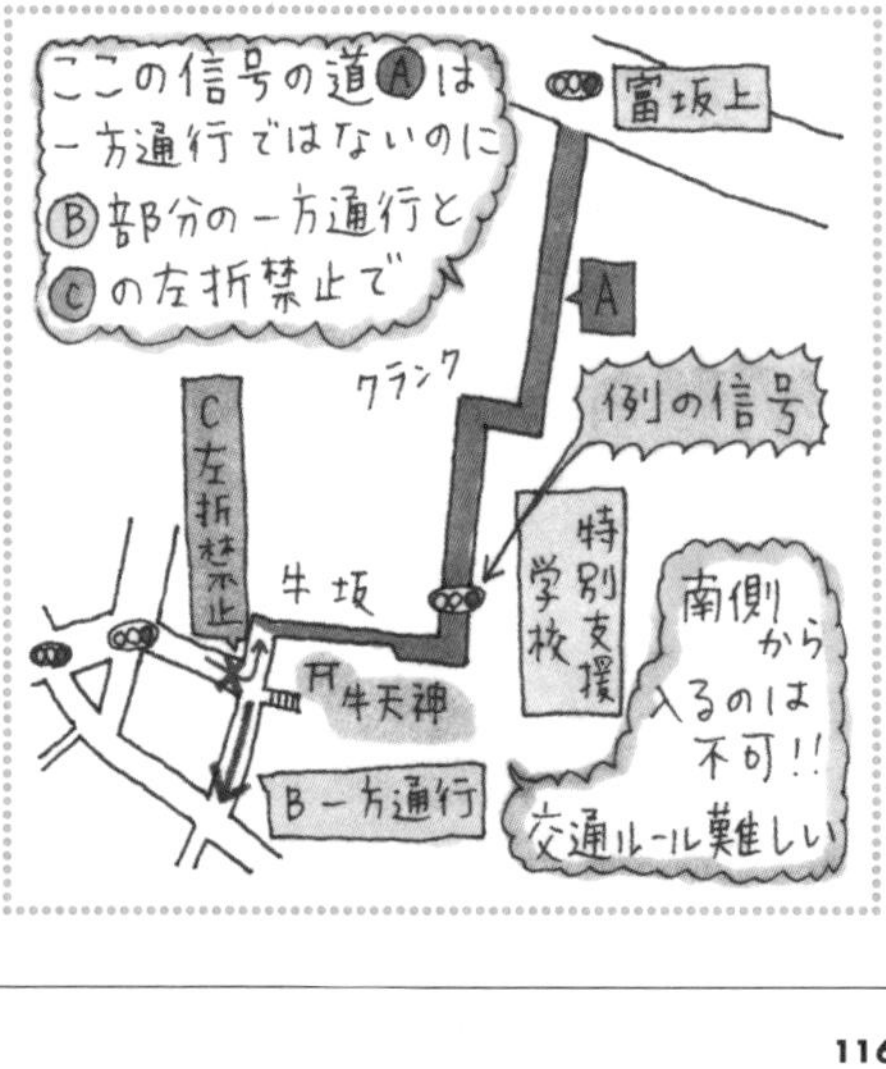

クランクの途中に
停止線があるけど
これ無理が
あるよね？

かなり古そうな
レンガ塀が
気になる。

私以外にはゼロ。

　信号の南側に進んでみると、さらに道は直角に曲がって極端に細くなり、急な下り坂になります。この坂は「牛坂」という名前らしい。細い坂を下っていく左側には「牛天神北野神社」があり、ちょうど紅梅まつりの最中でした。立て看板に「甘酒と梅のお菓子をふるまいます」とある、ささやかなお祭です。いいときに来ました。

　しかし、この祭にわざわざ車で来る人はほぼいないだろうし、ここを抜け道として使うのも実質的にはほぼ無理です。このごく短い区間に家や職場がある人以外、この信号のある横断歩道を車で横切る人は皆無では？

　生徒が使うわずか数分だけ役に立つけど、おそらくその他の時間は完全に無用の長物となっているこの信号。健気さを感じて愛さずにはいられません。

　蛇足ですが、右ページに図示したように、この道路は南からは進入禁止のうえ、一定の時間は車両通行止めなので、交通量の少なさに拍車がかかってます。この信号が使われて、実際に赤信号によって車が止められる奇跡的な瞬間を見てみたい。

[2017年2月取材]

HOJIKURISTREETVIEWHOJIKURISTREETVIEWHOJIKURISTREETVIEWHOJIKURISTREETVIEWHOJIKURISTREETVIEWHOJIKURISTREETVIEW

成田の街はでこぼこで
素朴な裏道がありました

course

成宗電気軌道のトンネル遺跡

これが
第二トンネルだ。
実は真上が
墓である。

成田空港には用があっても、成田を歩いたことはありませんでした。私は成田山新勝寺に参拝したこともないので、まるで成田を知りません。

で、成田の街なかの地図を見ていたら、山の中でもないのにトンネルが2つもある。調べてみると、このトンネルはなんと鉄道跡なのでした。

かつて（戦前！）、成田の街中には「成宗《せいそう》電気軌道」という鉄道が走っていたらしい。成田の2つのお寺、成田山新勝寺と宗吾霊堂を結ぶので「成宗」。市街地の真ん中を少し避ける形で、丘陵にトンネルを掘って通した線路はいま車道となっています。これはけっこう珍しいのでは？

ということで、京成成田駅に降り、成宗鉄道跡の道をトンネルの方向に歩きます。成宗鉄道跡は通称「電車道」と呼ばれているそうですが、実際には路線バスが通っています（ややこしい）。

まずトンネルにたどりつくより前に驚いたのは、街なかにかなり高低差があるということ。

成田山新勝寺は駅の北にあって、駅からお寺に向かう参道は高台にありますが、参道の東側は思いっきり窪《くぼ》んでいます。鉄道も、西側を走るＪＲは高い土地に線路があり、東側を走る京成線は土地が低いので高架になっています。

第一トンネル。
壁に貼りつけられた
レール(?)が謎。

第一トンネルは
天井を蔦が
這っている。

かつての成宗軌道跡はというと、ＪＲと京成線の間の窪地に盛り土をしたような場所を走っていて、新勝寺まで至る道を阻む2度の丘陵を貫く形でトンネルが掘られているのです。

東側の窪地に嵌《は》まったような住宅地を見下ろしながら「電車道」を歩き、駅から近い側の「第二トンネル」へ。レンガの内壁に漏れる水の痕、そして外壁を覆う蔦《つた》が長い年月を感じさせます。

新勝寺側には門柱のような装飾があって、とても美しい。「土木學會選奨土木遺産」という銘板も貼ってある。この2つのトンネルは、千葉県では10か所目となる土木遺産なんだそうで。ほんとに名所なんだなあ。この企画で取り上げるには格が高すぎるかも……。

古い街並みが出迎える
観光地の素朴な姿

そこを抜けてすぐ先にある「第一トンネル」の

成田は市街地に
凹凸があって
おもしろい。

入口上部にはレールのような鉄筋がアンバランスに貼りつけてあります。デザインとしても微妙で、よく意味が分かりません。まあ、歴史の長い建造物には意味が分からない部分が多いものですよね。内部の天井にまで蔦が這っていて、こんなに古いものが現役で使われていることがうれしくなります。

さて、くぐったあとにはトンネルを上からも見てみたいですよね。脇道に入ってトンネルの真上にあたる丘を目指すと、坂道に並ぶかなり古い街並みが出迎えてくれます。お寺に向かう参道は観光用に整備されていて新しいお店も多いけど、成田の裏道は素朴でそのままで、とてもいい！

丘に上ってみると、第二トンネルの真上は墓地であることが判明。お墓の下を掘るなんてなんだか罰当たりな気もしますが、当時のほうが感覚が大ざっぱだったんでしょうか。

トンネルそのものより、成田という街がでこぼこで、裏道含めてきわめて散歩に適した場所だと分かったのが今回の収穫でございます。観光地の裏道には見るべきものが多いね。

[2017年8月取材]

column

2

昭和の団地を内見しに行ってみた

～『UR都市機構 集合住宅歴史館』で興奮～

古い住宅や団地を好む私がよだれを垂らして喜ぶ施設があるという。その名も、**『UR都市機構 集合住宅歴史館』**。昭和30年代の公団住宅や戦前の同潤会アパートといった、貴重な集合住宅が移築されているらしい。

八王子にあるこの施設には日本の戦前と高度経済成長期を支えた4タイプの団地がそのまま移築されていて、**「内見」**ができます！ いや、正しくは「見学」でしょうが、ここにこの家具を置いて、ここで寝て……なんて考えていたら、見てるうちにすっかりお引っ越しの内見気分になっちゃいました。

まず1軒目、1つだけ格段に古い**同潤会代官山アパート**、昭和2年（1927）築。独居用の部屋はワンルームでキッチン・トイレはありませんが、造りつけのベッドがあって快適！ 同じ団地のファミリー用物件は2K。今の感覚では狭すぎるけど、キッチン・トイレもあるから当時としては**超ハイスペック**です。どちらの部屋も、外観から一つ一つのドア、部屋の隅に至るまでデザインに隙がない。最高です、ここに決めます！

と思いつつ、2軒目も一応見ます。ここから先は戦後築、**蓮根団地**。それまで食卓といえば和室にちゃぶ台でしたが、この物件は**ダイニングテーブル**付きです。食卓革

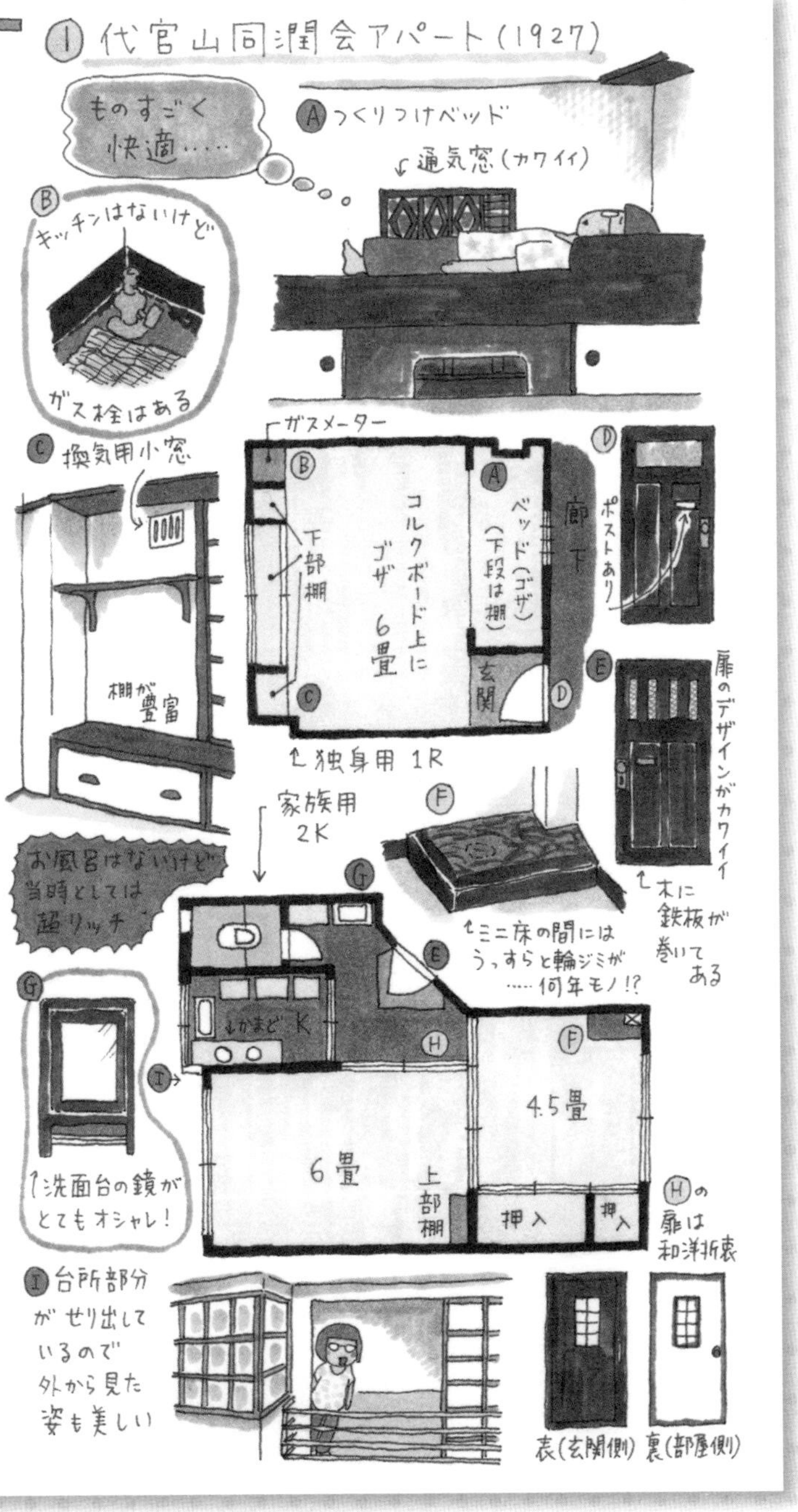
① 代官山同潤会アパート（1927）
ものすごく快適……
Ⓐ つくりつけベッド
通気窓（カワイイ）
Ⓑ キッチンはないけど
ガス栓はある
ガスメーター
Ⓒ 換気用小窓
棚が豊富
Ⓑ
Ⓐ
下部棚
コルクボード上にゴザ 6畳
ベッド（ゴザ）（下段は棚）
廊下
玄関
Ⓒ
Ⓓ
独身用 1R
Ⓓ ポストあり
Ⓔ 扉のデザインがカワイイ
木に鉄板が巻いてある
家族用 2K
Ⓕ
ミニ床の間にはうっすらと輪ジミが……何年モノ!?
お風呂はないけど当時としては超リッチ
Ⓖ
Ⓔ
かまど K
Ⓗ
Ⓕ
Ⓘ
4.5畳
6畳
上部棚
押入
押入
Ⓖ 洗面台の鏡がとてもオシャレ！
Ⓗの扉は和洋折衷
Ⓘ 台所部分がせり出しているので外から見た姿も美しい
表（玄関側）
裏（部屋側）

①同潤会代官山アパート2K。
玄関のつくりがオシャレ。

命だ。人研ぎの流しが美しい。
やっぱりこの物件にします！

　と思いつつ3軒目、**多摩平団地**。ついに流し台が**ステンレス**に。そして、何よりの目玉はここがメゾネット式であること。2階にある**「無双窓」**というかにも和建築風の工夫、それでいて外から見た玄関ドアの米軍住宅のようなキュートさ。ついに電化製品三種の神器も揃いました。やっぱりここにします！

　と思いつつ最後の4軒目、**晴海高層アパート**。エレベーター付き（1、3、6、9階しか止まらないスキップフロア式）、武骨な内壁、すべてオリジナル規格で作られた畳、窓ガラス。コルビュジエの**ユニテ・ダビタシオン**を意識した完璧なデザイン！　やっぱりここにします！

　しかし、家賃を聞いたら、1万円くらいだったそう（大卒初任給が約1万3500円の時代）。現在の物価で15万相当。えー、持ち帰り検討します……。

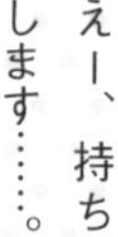

①同潤会代官山アパート2K。
台所はさすがに古い。

※この施設は、2023年春に予定されている北区赤羽台への移転計画に伴い、2022年3月31日で閉館となります。

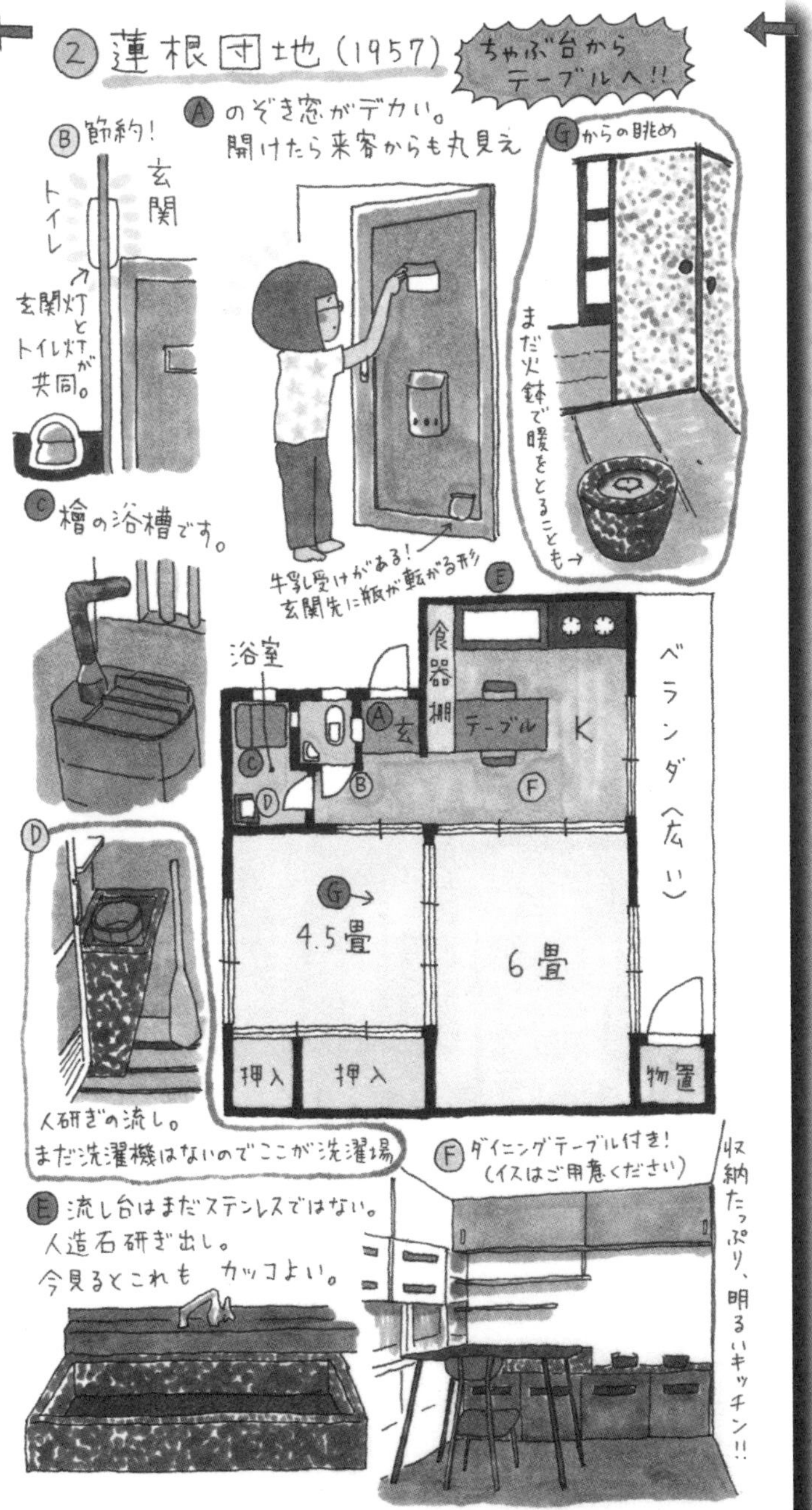
② 蓮根団地(1957)
ちゃぶ台から
テーブルへ!!
Ⓐ のぞき窓がデカい。
開けたら来客からも丸見え
Ⓑ 節約!
トイレ
玄関
玄関灯とトイレ灯が共同。
Ⓒ 檜の浴槽です。
牛乳受けがある!
玄関先に瓶が転がる形
Ⓖ からの眺め
まだ火鉢で暖をとることも→
浴室
食器棚
玄
テーブル
K
ベランダ(広い)
4.5畳
6畳
押入
押入
物置
Ⓓ
人研ぎの流し。
まだ洗濯機はないのでここが洗濯場
Ⓔ 流し台はまだステンレスではない。
人造石研ぎ出し。
今見るとこれも カッコよい。
Ⓕ ダイニングテーブル付き!
(イスはご用意ください)
収納たっぷり、明るいキッチン!!

③ 多摩平団地（1958）
三種の神器が揃った!!
Ⓑ これ、「無双窓」というらしい
Ⓐ 玄関扉の上に明かり取り
とても明るい
かわいい
靴入れ
ドア
Ⓒ 6畳から
3畳へと
風が
通ります
6畳
3畳
押入
押入
↓1F
2F↑
Ⓓ 勝手口、ここも
明かり取り多い！
冷
洗
檜風呂
K
専用庭
床下収納
4.5畳
押
玄関
靴
階上
Ⓕ 玄関ドア
猛烈に
カワイイ!!
数年に1ぺん
ドアの色を
ぬり直して
くれるらしい。
Ⓔ ついにステンレスの
キッチンに！
サンウェーブ製
洗濯機
どう使うの…？
冷蔵庫も
来たよ！
これが
洗濯機
だ!!
↑ただし板材はプリントに……

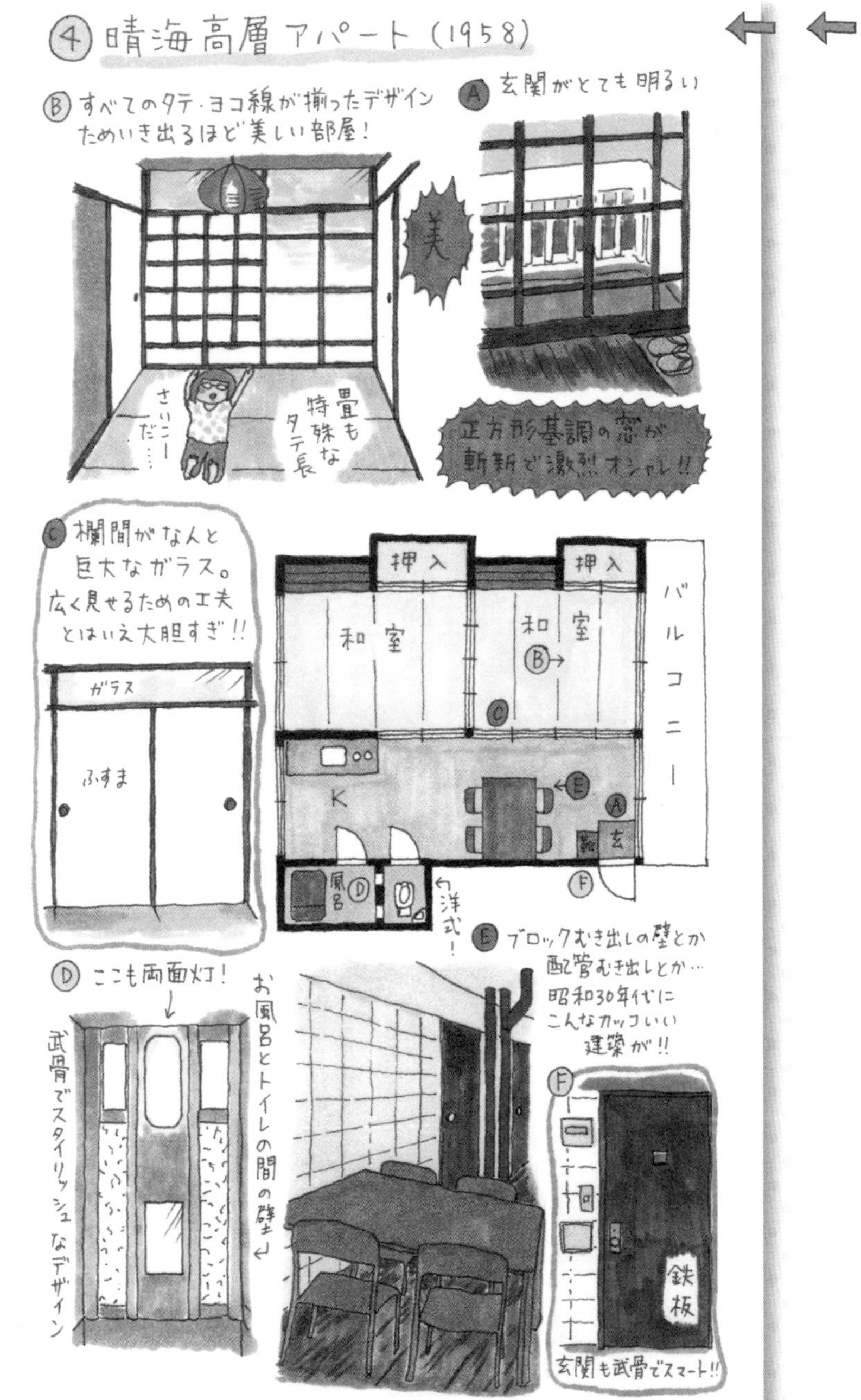
④晴海高層アパート（1958）
Ⓑすべてのタテ・ヨコ線が揃ったデザイン
ためいき出るほど美しい部屋！
Ⓐ玄関がとても明るい
美
さいこーだ……
畳も特殊なタテ長
正方形基調の窓が
斬新で激烈オシャレ!!
Ⓒ欄間がなんと
巨大なガラス。
広く見せるための工夫
とはいえ大胆すぎ!!
ガラス
ふすま
押入
押入
和室
和室
バルコニー
K
風呂
玄
洋式！
Ⓔブロックむき出しの壁とか
配管むき出しとか…
昭和30年代に
こんなカッコいい
建築が!!
Ⓓここも両面灯！
武骨でスタイリッシュなデザイン
お風呂とトイレの間の壁
鉄板
玄関も武骨でスマート!!

④この表札まわりもいいよね……。

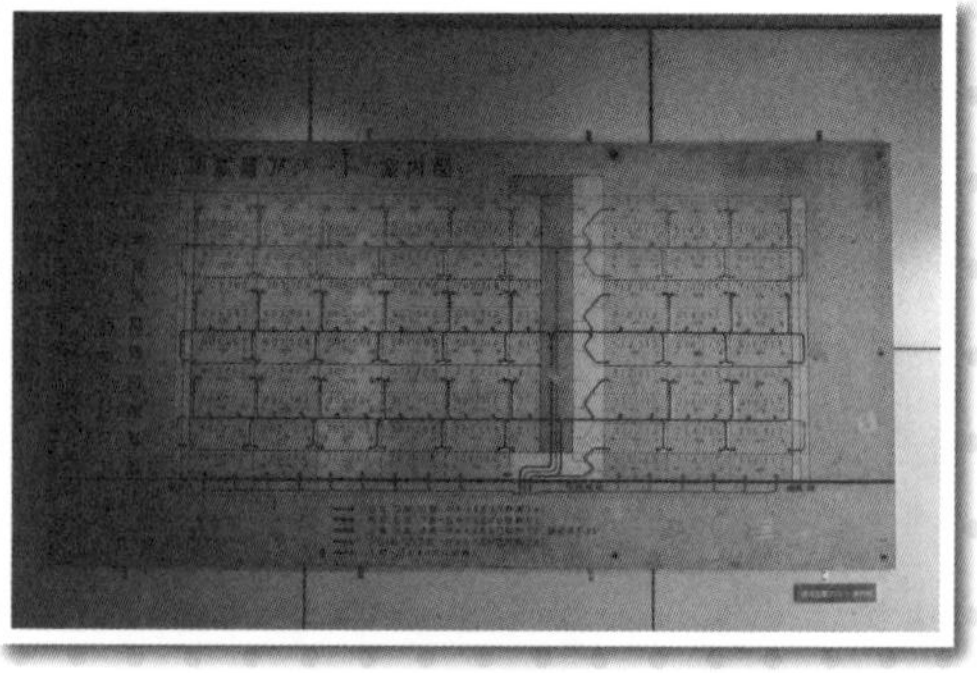

④晴海高層アパート構造図。

③多摩平団地、玄関扉萌え。

④晴海の円筒形階段塔。

③ステンレスキッチンはサンウェーブ製。

③洗濯機、使い方がわかりません。

①玄関に貼るステッカーにも時代が出るよね。

④晴海、日の当たる武骨な廊下。

[2018年8月取材]

HOJIKURI STREET VIEW THE FUTURE

路《みちすじ》の章

HOJIKURISTREETVIEWHOJIKURISTREETVIEWHOJIKURISTREETVIEWHOJIKURISTREETVIEWHOJIKURISTREETVIEWHOJIKURISTREETVIEW

散歩上級者向け一本道、いつまでもどうかお元気で

course

大久保通りと抜弁天通りをつなぐよれよれの道

にゅるんと曲がった
魅力ある南入口。

説明しづらいけれど、ただ「気になる道」というものもある。

大久保通りと抜弁天通りをつなぐ、明治通りのすぐ東側の裏道。地図上では細くてよれよれした、たよりない道。

このへん、現在の住所では「新宿7丁目」にあたります。

明治通りを挟んだ向こうの「大久保1丁目」は、道は狭いけどタテヨコにまっすぐ引かれているので、ある程度整然としています。逆に、同じ町域の東側の窪地《くぼち》は道の引き方がかなりめちゃくちゃです。そして、この「気になる道」は東西のどちらとも一切つながりがなく、分岐が全くない一本道なのです。

しかも、北側には急なクランクがあるし、南端だけ妙に曲がっているし、やけに個性を発揮している道です。他地域とは独立独歩の道を歩むこの道、以前から気になっているので、私は定期的に観察に行っています。この周囲は最近マンションなどが林立して少し小ぎれいになってしまったんですが、区画整理はせずにこの道がまだ残ってくれているのがうれしい。

ということで、新宿アインスタワーという巨大なマンションの横からこの大好きな道に入ってい

「パシフィック大久保」。
1973年築、
いい味出てる。

車を断固拒否する
1つめのクランク。

きます。にゅるっと曲がりながら上る坂になっていて、この道に入ると急にしんとして雰囲気が変わります。入口には「この先四輪車の通り抜けできません」という看板があり、車に乗る者を威嚇してきます。この看板に書いてある「いぶき町会」という名も、町名と関係なく、まったく知らないので新鮮です。

いつまでもこの形でいてほしい
道マニアにはたまらないクランク

坂の先は、すぐ近くの歌舞伎町の喧噪《けんそう》をまったく感じさせない住宅地です。右側にはマンションが並んでいて、間にある青い屋根の教会も魅力的です。古いマンションの名前は「パシフィック大久保」、新しくなるにつれて「新宿7丁目ハイライズ」、「サンウッド新宿戸山フラッツ」。マンション名につく地名が変わるのが興味深い。これが歴史だ。

クランク直後の
激狭路地。

古アパートと空き地。開発も間もないのかもしれない……。

ここの地名はかつて「西大久保2丁目」で、昭和53年に「新宿7丁目」に改名して今に至りますが、最近はマンションに「新宿（区の中の）戸山」のような重層的な名前をつけるのが流行りなので、建物名に3期分の歴史が積み重なっています。左側にはかなり年季の入ったアパートも残っていますが、こちらには地名がつきません。

右と左で違う景色を眺めながら進んでいくと、道はだんだん狭くなってゆき、大久保通りに通じる直前で突然左に直角に曲がります。ここでこの道は、完全に乗用車を拒否してくる。

急に暗く細くなった路地は、すぐにまた右に直角に曲がります。この見事なダブルクランクが道マニアにとってはたまりませんね。これがなければ私はわざわざここに来ないよ。2つめの曲がり角には、「婚礼着付パーマすゞ」という激渋のパーマ屋さんが現役で立っています。

ただこれだけを味わうための、散歩上級者向けの一本道。古地図を見ると、この道、なんと明治後期の地図にはすでにほぼ同じ形で存在しています。周りの建物が変わろうともいつまでもこの形のまま、どうかお元気で！

［2017年6月取材］

HOJIKURI STREET VIEW THE FUTURE

HOJIKURISTREETVIEWHOJIKURISTREETVIEWHOJIKURISTREETVIEWHOJIKURISTREETVIEWHOJIKURISTREETVIEWHOJIKURISTREETVIEW

歩道橋っぽい階段を上り、
川底から出ると……

course

姥ヶ橋歩道橋と稲付川の暗渠の道

左側のすばらしい
積み重なり、
快適な圧迫感。

まだコロナ禍が明けないなか、私はめちゃくちゃ散歩しています。ウォーキングハイになって、調子がいいと一日に10キロくらい散歩しています。

そうして家の周り（半径10キロ！）を散歩しているうち、地図ではわからないような変わった場所を発見しました。地図を見ながら不思議スポットを発見するのもうれしいけれど、歩いていて偶然発見するのはそれ以上にうれしい。

凹凸の多い東京都北区でも、とりわけ評判が良い（わたし的に）のは赤羽西近辺、今は消えてしまった「稲付」という地名のあたりです。高低差の激しい土地に細道が入り組み、台地にも谷にも家々がぎゅうぎゅうに並んでいます。

そのあたりでいちばん谷底になっているのは、稲付川の暗渠《あんきょ》の上に作られた道です。下流側から入って南西にくねくね上っていくと道は少しずつ狭くなり、特に左側に並ぶ家々はコンクリートで嵩《かさ》増しされた頑丈な土台の上に何層も立っていて、圧迫感がすごい。香港みたい（行ったことないけど）。とても味がある路地で、この道だけでも満足感は最高です。

行き止まりに
歩道橋スタイルの
階段が登場。

交差点の歩道橋におや、下に向かう階段が……。

歩道橋を下り、さらに階段を下りて、民家へ。

しかし、私はこの川底路地を最後まで歩いたことがありませんでした。この先にまさかあんなすばらしい風景があるとは。

しばらくすると、「この先行き止まり」の看板が登場。散歩人の私としては「なるほど、『車にとっては行き止まり』なんだな。つまり、めちゃくちゃ細くなるんだ！」とワクワクします。

予想どおり、この道は歩行者にとっては行き止まりにはならず、道はいよいよ暗くなる。どんづまりに来ると、急に上り階段に誘導されました。もうこの階段を上って川底から出るしかない。この階段、両サイドにライトグリーンの手すりがしっかりあり、段にはすべりどめがついた、とても歩道橋っぽい仕様の階段です。街なかの階段がなんで歩道橋のふりをしてるの？　かわいいやつめ。

歩道橋ご本人登場！と思ったら、何これ？

ここを上ると「姥《うば》ケ《が》橋《ばし》」という交差点に出ますが、そこにも歩道橋があります。歩道橋のモノマネをしていたら、歩道橋ご本人登場！　という感じです。

「中地下1階」みたいなところにある物干し台、気になる……。

交差点から見下ろす、
公と私の混ざった「湖底」。

ご本人も味わっておこうかしら、と思って上りかけると、おや、歩道橋の上り口に、下におりる階段もついている。何これ？

地下道があるわけではない。ここはちょうど谷に落ち込んでいくガケ際の土地なので、大きな交差点の一つの角が掘り込んだように窪地になっているのでした。この階段は、窪みにあるたった数軒の民家へ下りていくためのもの。こんな構造、見たことない！

下りたところにはいきなり物干し台があり、狭い窪地の中の路地は民家の私有地のような扱いになっています。谷底にある家々は見事に窪地にはまり込んでいます。さっきの路地が川底だとしたら、ここは湖底という感じの静《せい》謐《ひつ》さ。この歩道橋以外にここから出る方法はないのかと思ったら、路地とも呼べない家と家のすきまを通ればさっきの川底に抜けられそうです。しかし、住人以外は通りづらいな。

下に潜る不思議な歩道橋と、窪地に密集する住宅。あまりに構造が複雑で、文章では伝わりづらいのがもどかしい。誰か、完璧な図を作ってほしい。

[2020年5月取材]

HOJIKURI STREET VIEW THE FUTURE

HOJIKURISTREETVIEWHOJIKURISTREETVIEWHOJIKURISTREETVIEWHOJIKURISTREETVIEWHOJIKURISTREETVIEWHOJIKURISTREETVIEW

「ほら早く！」ちょっと面食らう ウェルカムぶり

course

吉祥寺と駒込病院に挟まれた抜け道

抜け道が好きです。この企画でも何度も取り上げております。

抜け道は、ささやかな冒険心を思い起こさせてくれます。抜け道は細ければ細いほどいいし、直角に曲がる回数が多いほどいい。実は私道だという場合も多くて、そんなときはこっそり通らせてもらう感じがなおさらいい。

地図を眺めているとき、そんな道をわりと近場でまた見つけました。最寄り駅は南北線の本駒込。

本駒込駅の北の一角には、「諏訪山吉祥寺」の敷地が広がる。その北東には駒込病院のこれまた広い敷地。この二つの土地の間を、車が入れなさそうな細い道がぬっています。道は三回直角に曲がりながら西と東をつなぐ。この道がないと近辺の人はだいぶ遠回りを強いられそうなので、この細道の利用者はけっこう多いものと予想されます。寺院と病院の裏手にあるというのも点数が高い。これはぜひ見に行きたい。

ということで本駒込駅に出て、大通り沿いの公的な地図看板を見ると、なんと、抜け道が載っていません。お上から認められてないあたり、ますます私の好みです。

区立第九中学校の横を通り、抜け道の西側入

看板はスリーエム製品でした。

ミラーには「都立駒込病院」。

口に近づいていくと……ちょっと面食らう。

巨大な矢印が私を抜け道に導いている！　どうぞどうぞこっちに入っていきなさい、ほら早く！　と言わんばかりに、赤地に白の矢印が私を抜け道に招く。こんなにウェルカムな抜け道、なかなかなかないよ！

細さもムードも利用度も、抜け道は高得点ですが……

言われるとおりに矢印のほうへ。抜け道は予想どおりかなり細く、両脇が高い塀に囲まれて圧迫感が強いのも私の好み。入口のミラーには、本来「文京区」と書いてありそうなところに「都立駒込病院」というシールが貼ってあります。ミラーの管理が病院！　ということは、やっぱり私道なんですね。徒歩や自転車ですれ違う人がわりと多いのも予想どおりです。

見通しの悪い抜け道をてくてく歩いていくと、左側に蔦《つた》の生い茂る黄色い建物が現れる。なかなか雰囲気のある建築ですが、こ

西入口を振り返る。この圧迫感が魅力。

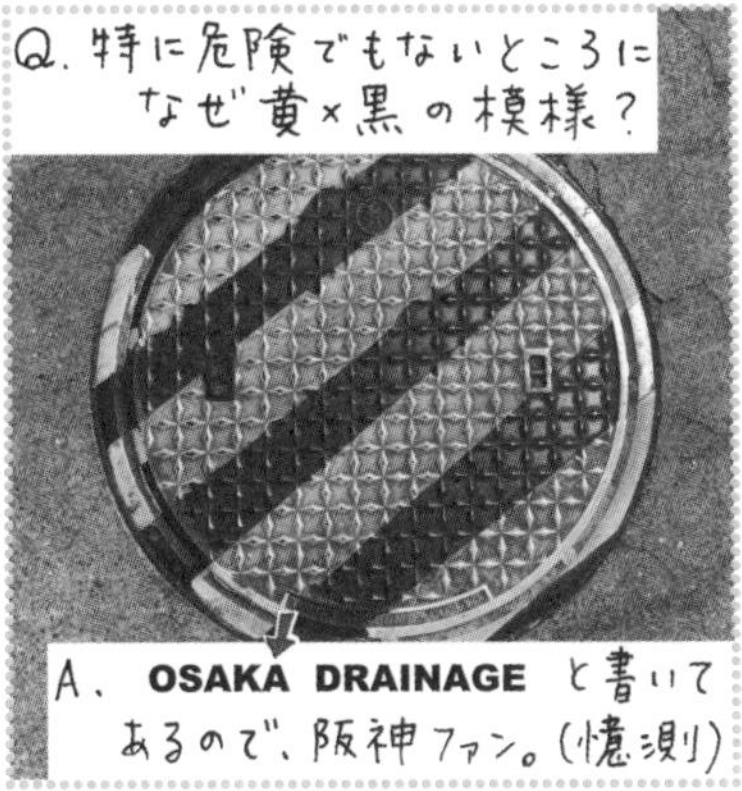

れは病院内にある院内保育所らしい。右側の、寺院の裏手にあたるフェンスにはずっと電線が這《は》っていて、街灯がフェンスの上部にいくつも貼りつけてあります。この道、夜はまた独特の雰囲気になりそうです。

道は歩いてみると案外短く、あっけなく向こう側へ抜けられてしまいました。しかし、細さといいムードといい市民の利用度といい、抜け道としては高得点！

さて、最後に話が脱線しますが、ここの「本駒込」なる地名、私は好きじゃないんです。

豊島区駒込の南側に文京区本駒込があるのですが、「本・駒込」なんて言われると、いかにも「元々の駒込の場所」みたいなイメージを持ってしまいます。しかし、「本郷の駒込」を略して「本駒込」というのが由来らしい。変な略し方だ。もともとこのへんには「駒込浅嘉町」とか「駒込吉祥寺町（ここは武蔵野市『吉祥寺』のルーツとなっている）」などという細かい地名があり、いまでも町会の看板などに旧地名が残っています。ムーディな抜け道の保存とともに、地名の復活も検討していただけるとありがたいです。

［2018年4月取材］

HOJIKURISTREETVIEWHOJIKURISTREETVIEWHOJIKURISTREETVIEWHOJIKURISTREETVIEWHOJIKURISTREETVIEWHOJIKURISTREETVIEW

AからBに行く方法は？
なるほどこれは変な構造だ

course

埼玉県立飯能高校のグラウンド

ついに見えた！
高校の秘密（？）が！

埼玉県立飯能高校の校庭（グラウンド）がいいらしい、と聞きました。いいって、何がいいのか。航空写真を見ると、校庭を西武鉄道の線路がぶった切っています。なるほどこれは変な構造だ。校舎側の校庭をA、線路で分断された側をBとして、AからBに行く方法が分からない。現地で確かめたい。

高校の正門前に着きました。「ミスダンスドリル世界大会inＵＳＡ出場」「邦楽祭銀賞・箏曲《そうきょく》部」……校庭を使わなそうな珍しい部活の横断幕が気になります。が、今回は校庭に用がある。もちろん校内には入らず、周囲を探索。

東に回り込んで路地に入ると、小さな踏切があります。ここから線路側をのぞけば校庭ＡとＢが見えるかと思ったら、住宅の陰になってよく見えません。線路は北西に向かって高くなっていくみたい。

線路の北側に回り込むとそこは普通の住宅地で、なかなか校庭にたどり着けない。くねくね歩いてやっとＢが見えてきた。テニス部が活動しています。みんな住宅地をわざわざ抜けて行くの

見えるかと思ったら
木に思いっきり阻まれる。

校庭のどまんなかを
突っ切っていく電車。
壮観。

かな？

フェンスとネット越しに若い学生たちを見ながら（怪しい）、ぐるっとBの周りを歩く。道はBの外周に沿っているわけではない。家々に阻まれて、フェンスは近くなったり遠くなったり。何度も行き止まりに騙《だま》されつつ、やっとBの西側の、再び線路と交差する部分まで来ました。ここでは線路は高架になっています。

ここからのぞいても校庭は見えないので、さらに線路南側に回り込む。やっと校庭Aに面した道があったと思ったら、植栽で徹底的に目隠しされていてまったく内側が見えません。だよねー、今どき不審者に校庭内を見せたくないよね、でも私、不審者じゃないんです。いや不審者かな。自信ない。

涼しそう！
高校生溜まりそう！

もうそろそろ学校敷地の外周を一回りしそうです。謎は解けないまま終わってしまうのか……と思ったその時、急に植栽がなくなり、校庭に入るための門が現れた。今までの苦労がウソみたいに中が見え、校庭Aの奥に高架の線路が突っ切って

校庭に向かう道には
行き止まりが多く、迷う。

いて、あっ、トンネル！　トンネルがある！

　線路をくぐるトンネルが学校敷地内に設けられていて、なるほど、生徒だけはそこをくぐって校庭AとBを行き来できるのだ！　なんでこんな構造になったの？

　そこに、ママ友的な二人組が子連れで通りがかりました。そして、その片方が高校の中を見やりながら「あのトンネル、夏は涼しいからよく溜《た》まってたんだよね」と。

　なんと、偶然にも高校のOGのお話が（盗み聞きのような形で）聞けてしまいました。なんてことのないエピソードだけど、実際に校庭を使っていた人の話だけにリアリティがあります。確かに涼しそう、高校生溜まりそう！

　さて、この構造が生まれた経緯ですが、私はてっきりすでに高校があったところに鉄道を無理やり通したのかと思っていました。しかし古地図を見ると、鉄道のほうが明らかに先にできています。校庭が手狭になった学校が、あとから線路の向こうに土地を獲得したんだろうか？　……経緯の謎は現時点でまだ解明されておりません。

［2019年12月取材］

HOJIKURISTREETVIEWHOJIKURISTREETVIEWHOJIKURISTREETVIEWHOJIKURISTREETVIEWHOJIKURISTREETVIEWHOJIKURISTREETVIEW

クルリンの先に現れたのは
愛らしい「古墳」……？

course

鎌倉市のクルリンと巻いた道

クルリンには
たくさん木が
生えていました。

説明不要、見た瞬間に行きたくなったクルリンと巻いたループ道（P149の地図参照）。鎌倉市の隅に、地図上にいたずらで描いたのかな？　と思えるような唐突さで存在します。これは一体何なのか、とっても気になります。

　ということで、初めて湘南モノレールに乗って、見に来ました。湘南モノレールは「懸垂式」といって、レールにぶら下がる形の珍しいモノレールです。まずこれが遊園地みたいでかなり楽しい！

　と、そのことを書くと長くなるので本編へ。片瀬山駅で降りると、このあたりはすごい急斜面です。しかしそれをものともせず家々が並んでいます（しかもお屋敷が多い）。急坂をくねくね下りていくと、問題のクルリンに到着です。

　いやあ、見事なループ道。絶景。周りは住宅ですが、この道路の部分だけは緑に覆われています。

　そこにあったペンキのはげかけた看板によると、クルリンを上った先の高台の住宅地は東レの「構外社宅」である「腰越社宅」らしい。この

積み上げすぎるくらい
土を積んだ上に
住宅がある。

看板はかなりかすれてしまっている。

なんちゅうツギハギのガードレールだ！

道を含めて、社宅の敷地の一部のようです。

　クルリンをのんびり上っていくと、途中に「警笛鳴らせ」の珍しい看板が。これ、ふつう山道でしか見ませんよね。お、途中でクルリンの上段（橋の上）へとショートカットできる階段があります。なんと、途中のガードレールは成長した松の幹に完全に食べられています。クルクルを上るだけでも見どころがたくさんです。

　それにしても、看板もガードレールもものすごく錆《さ》びてます。橋の上の部分につけられたガードレールは継ぎ足し継ぎ足しされて、奇妙な形をしています。アスファルトもガタガタです。だいぶ雑な工事に見えるし、全体的にかなり年季の入った一帯で、どれくらいメンテナンスされているのか、ちょっと心配。ガードレールを食べている松もこの道ができた頃に植えられたはずで、一体何年前からこの状態なのか……。

神々しい社宅は首都圏一かわいい住宅地かも？

　さて、上りきると、なんと目の前に古墳が現れた！　……というのは嘘《うそ》ですが、古墳と間違えそうなこんもりと盛られた土の上に、二世帯住宅の

すさまじい高低差に家が立ち並ぶ。

ガードレールを
ガッチリ食べている！

ような小さな社宅が神々しく立っている。

古墳のような盛り土の真ん中に切り通しを作って細い階段を通し、それを上ると建物に行けるというつくり。建物は「古墳」の上に生えた木々の中に埋もれているかのようで、全体像が見えません。これはクルリン以上にかなり奇妙な光景です。

周りを歩くと、古墳のように高台の上に祀られた（？）社宅はわずかでしたが、どの建物も高低差を生かして、敷地と道路がかわいくデザインされています。そして、どの建物にも横にアルファベットで棟名が表示されています。建物そのものも、透かしブロックを使ったデザインが沖縄の家のようでかわいらしいです。とても余裕のある住宅地です。

クルリンのループ道だけでもかわいいのに、緑も豊富だし建物も区画も愛らしいし、ポコンと高台にあって見晴らしがいいし、構造上、車はほぼ入ってこなくて結界のように守られている。この一角は、もしかしたら首都圏一かわいい住宅地かもしれない。

どうやら築年は50年以上。いつまでもお元気で！　程よくメンテナンスもお願いします！

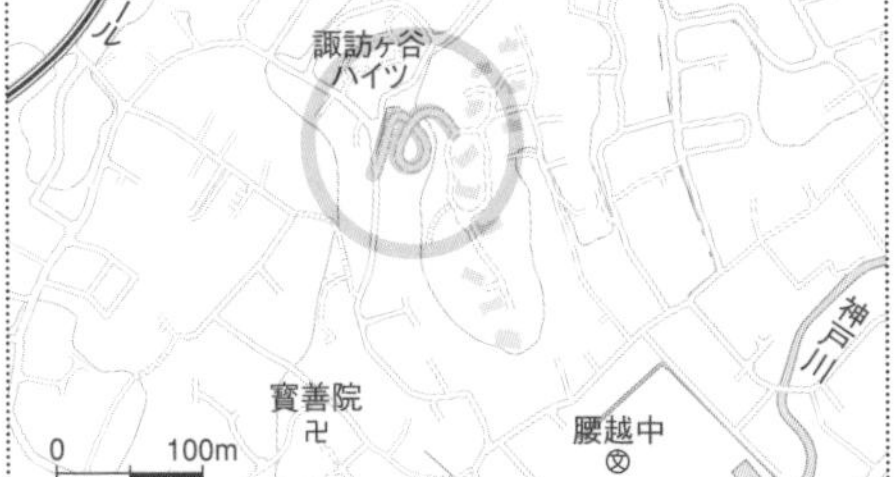

[2017年9月取材]

HOJIKURI STREET VIEW THE FUTURE

HOJIKURISTREETVIEWHOJIKURISTREETVIEWHOJIKURISTREETVIEWHOJIKURISTREETVIEWHOJIKURISTREETVIEWHOJIKURISTREETVIEWHOJIKURISTREETVIEW

見に行くしかない！
ひときわ小さな円形＋放射状の道

course

東中神の八清ロータリー

東から西を望む。
郵便局は
戦前からここに。

ロータリーとラウンドアバウトの違い、知ってますか。私も今回調べて初めて知ったんですが、ロータリーは基本的に進入してくる車が優先、ラウンドアバウトは周回している車が優先なんだそうです。へえ〜。

　ということで、今回取り上げる場所は「ロータリー」のほうです。実は行った時点では私もどっちか分かってなかった。

　駅前にあるもの以外、ロータリーってそんなに見かけません。地図上で、交差点にあたる部分に小さな円形が描いてあると私なんかはテンションが上がります。今回も、昭島市の東中神駅からやや離れたところにひときわ小さな円形＋放射状の道を発見して、見に行くしかない！　と出かけました。

　東中神ははっきりいって地味な駅ですが、駅前にいきなり古い団地があって私好み。駅前の「くじらロード商店会」は今年（2019年）ヒットしたドラマ『凪のお暇《いとま》』のロケ地だそうですが、さほどドラマにあやかる気がない様子がまた良い。

　まずロータリーの西側に来て、『昭

せっかくの
ロータリー看板が
色あせ、ハゲて……。

これくらい細い路地が縦横に走ってます。

和湯』のすばらしい煙突を眺める。周りは「八清《はっせい》商和会」という小さな商店街です。「くじらロード」とは連続しておらず、駅から300〜400メートルしか離れていないところにまた別の商店街があるという不思議な構造。お店が入っている建物はかなり年季の入った2階建て長屋です。

さて、そこから東に向かうと、ついにロータリーを示す黄色の標識が登場！　しかし、せっかくのマークの部分が思いっきり剝がれ、ハゲたところが錆びきっていて悲しい。地の黄色も薄れちゃってるし。直してあげて！

ドラム式洗濯機を眺める楽しみに似てる

そこを抜け、ついに見えてきましたロータリー。広い道路には面していないのに、まあまあ車が通ります。お誂《あつら》え向きに周りにベンチまで用意してあるので、そこに腰掛け、車がどこから来てどこへ行くのかしばらくのんびり観察。あっちから来て……おお、こっちに抜けるのね。今度はけっこう回って……なるほどこっちに行くのね。

こんな形の長屋風建物の1階が商店。

ロータリー両側の
『柳月』も繁盛してます。

こんな様子をボーッと見ているのは楽しい。ドラム式洗濯機を眺める楽しみに似てる。

ロータリーの真ん中の円は植え込みになっていて、その内側には円い池があり、水底には照明のような物が見えて気になる。中心にはランドマークのような街灯。ここ、夜もキレイなんだろうな。

ロータリーの隅には「八清の由来」が書かれた碑がありました。今の住所としては残っていないけど、さっきの商店街含め、このあたりは「八清」と呼ばれているらしい。なんと昭和10年代という昔に立川の軍需工場従業員のために開発された、ロータリーを中心に放射状に区画された住宅地で、八日市屋清太郎さんが中心になって進めたので「八清」とのこと。駅前の古い団地よりもこっちのほうが格段に歴史があったとは！　ロータリーの周りには車が入れない細さのまっすぐな路地がたくさんあるのですが、まだ自家用車もない時代に開発されたからなんだね。

かつては映画館もあり、遠方から買い物客が来るほど栄えていたそう。往時の盛栄を想像しつつ、商店街に残る大衆食堂『柳月』で肉入り野菜炒めをいただきました。メニューが豊富で良いお店。

［2019年10月取材］

HOJIKURISTREETVIEWHOJIKURISTREETVIEWHOJIKURISTREETVIEWHOJIKURISTREETVIEWHOJIKURISTREETVIEWHOJIKURISTREETVIEW

分岐や交差点が全くない
北も南も軍用地のおかしな立地

course

キャンプ座間を東西にぶち抜く道路

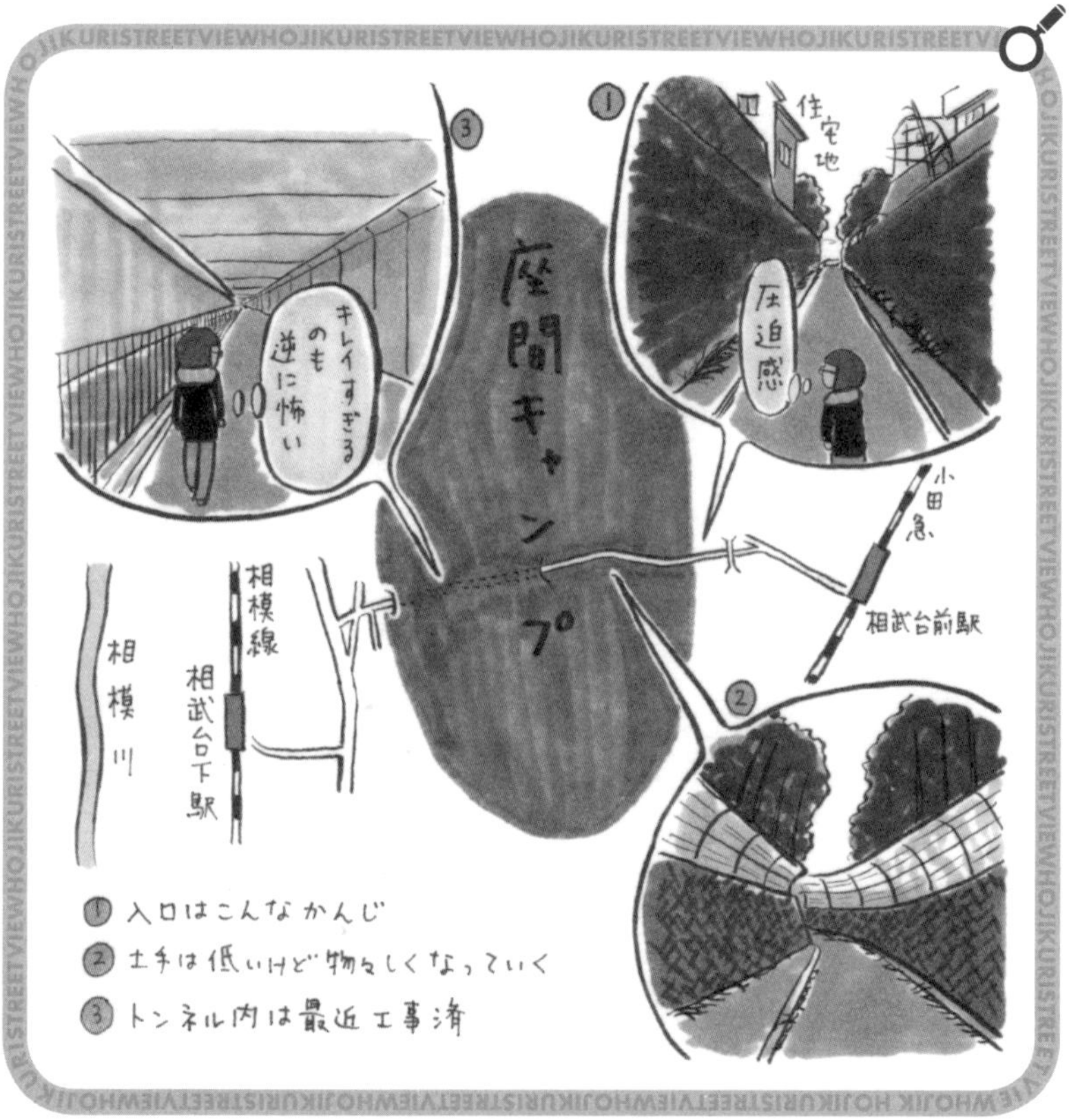

道の入口は
看板だらけで
物々しい。

小田急小田原線相武台前駅の真西には広大な米軍・キャンプ座間があり、特別な行事のとき以外は基本的に入れません。しかし、地図を見ると、その敷地内を東西にぶち抜く道路があることが分かります。

どうやらこの道だけは立ち入り禁止ではなさそう。おそらく軍用地外の東側と西側を住民が行き来するときにあまりに遠回りなので、近道として作られたんじゃないだろうか。この道は敷地内を分断するように通っているため、1キロ以上にわたって分岐や交差点が全くなく、北も南も軍用地というおかしな立地です。景色を見てみたくて行ってきました。

相武台前駅から徒歩数分で、問題の道の入口が現れます。駅からまっすぐ来た道がY字形に分かれ、下り坂になっている左側がその道です。近づくにつれ看板がたくさん掲げてあるのが見え、物々しくて少しビビりましたが、近くに来て見ると「道路改良工事中につき車両全面通行止」というような内容の看

米軍敷地内の陸橋。
アメリカっぽい気もする。

工事後の土手擁壁、
一目瞭然の差。

新しくて逆に
ちょっと不気味な
トンネル。

板がいくつもあるだけでした。工事中じゃなければふつうに車も通れる道のようです。

　しかし、取材の時は歩行者と自転車しか通れないように厳重に車止めがあり、「スケートボード／たむろ行為／禁止」という貼り紙もあります。確かに、夜は少年たちが集まりそう。

　坂を下っていくと、上に陸橋が渡っています。橋桁には当然のようにグラフィティの落書き。しばらく切り通しの道がつづき、左右の高い土手の上に住宅が見えますが、そこに向かう階段や坂は一切ありません。ずーっと苔《こけ》むしたコンクリの土手が続き、殺風景です。人は多少通ります。この道だけ孤立していて川底を進んでいるような感じですが、古地図を見てもここが元々川だったというわけでもなさそう。

ますます見えない……やがて道はトンネルに

　しばらくすると、左右が完全に軍用地になります。何があるか、下からではよく見えません。時々上を渡る陸橋も米軍敷地のものなのだな……と、思いにふけってしまいます。

　しばらくすると、まさに工事が進行している部

出口の近くにある、
ペット用の小さな神社！
伊《い》奴《ぬ》寝《ね》子《こ》社。

分に差しかかりました。土手が新しくなって、少し雰囲気が明るくなります。とはいえ、このあたりでは土手の上の仕切りが高速道路の防音フェンス並みに物々しいものになっており、キャンプ座間の様子はますます見えません。

　途中から上がふさがって、道は完全にトンネルになりました。このあたりはすでに最近工事が済んだようで、新しいゆえに不気味さは薄い。でも、かなり長いし、暗いし、道沿いに何もないし、夜は通りたくないよな〜。どうか安全対策よろしくお願いします。

　真四角で白い、無機質きわまりないトンネルを抜け、しばらく行くとやっと民家が見えてきます。ああ、なんだかホッとしました。この道はずーっと下り坂で、そのまま同じ方向へ行くと相模川沿いの平地につながります。密閉感が長く続いただけに、トンネル抜けた後の開放感が気持ちいい。

　しかしここ、朝に自転車で相武台前駅に行くとしたら、ずーっと上り坂です。暗いとか何もないとか以前に、体力的にきつそう……。帰りは楽で気持ちいいけどね。

[2020年1月取材]

HOJIKURISTREETVIEWHOJIKURISTREETVIEWHOJIKURISTREETVIEWHOJIKURISTREETVIEWHOJIKURISTREETVIEWHOJIKURISTREETVIEW

ここから先には行かせません。理想的な終点オブ終点

course

足立区の「新田一丁目」バス停

この土っぽい
壁の色が
絶望的でいい。

「足立区新田」に行ってまいりました。荒川と隅田川に挟まれた細長い土地で、最寄り駅もなく、ここに行くとしたらだいたい王子か赤羽からバスに乗ることになる場所です。

ここに住む私の知人は、「名誉北区」と名乗っていました。確かに、足立区だけど圧倒的に北区との結びつきが強い場所です。いびつなハート形に見えなくもないので、最近は一部が「ハートアイランド」と名乗っているそうですが、それはどうかと思います。

さて、王子駅から「新田一丁目」行きのバスに乗って向かいます。途中、北区豊島のあたりで、ここによくバスを走らせようと思ったね、と驚くような細い道を通ります。でっかいバスがカクカクスイスイ抜けていくテクニックを見るのも私の好みです。

川を渡り、バスは古い街並みを抜けて終点の新田一丁目に着きました。さあ、ここが今回のテーマです。ここは理想的な「終点」なのです。今までこの企画では「バスの終点」という題材も数回取り上げているんですが、今まで訪れた終点の中でも、飛び抜けて終点らしい終点です。

終点の手前で、バスは川に向かって直角に進

マンションもあるし、
人口は多そうです。

矢印の所が船着き場なんじゃないかな――？

んでいく形となります。前方には頑丈で武骨で無愛想な黄土色の堤防。お互いにだんだん近づいていき、２人とも譲ることなく、どうしようもなくなったところで路線が終点を迎えるのです。

　左右に延々と続くゴリゴリした肌質の堤防は、「絶対にここから先には行かせません」と低い声で主張しています。緑色の都バスは、どうしようもないので、そこでバックして向きを変えるしかありません。

　堤防の向こうにはもちろん川しかないし、川の向こうの北区志茂には高い建物がほとんどありません。鉄塔と、志茂タワー（私が勝手に名づけました。北清掃工場の煙突のこと）の２つがツンと立っているだけ。だから、東京とは思えないような大きな青空が広がっています。私はしばらく、おそらく東京一であろう終点オブ終点を堪能しました。

魅力的なタワーもありました（詳細不明）。

「日本化薬」だけで
いろんなことが
楽しめます。

メインディッシュの前に
眺めるものは……

今回は、もう一つ小ネタがあります。

　ここには「日本化薬」の工場が隅田川を挟んだ両岸にあるのですが、2か所を結ぶ橋はなく、工場専用の渡し船がいまだに現役で動いているらしいのです。乗ることはできないけれど、船着き場くらいは眺めてみたい。

　実はこれについては、今回のメインの題材として扱う気だったんですが、乗り場に行こうとしたら、なんと「防潮堤の耐震補強工事」により現在は船着き場の近くにすら行けないことが判明。想定外！

　荒川側の土手に上って、船着き場らしきところは遠目に見たものの、それ以上はどうしようもありません。こちらがわと川の向こう、2か所の日本化薬を恨めしく眺めるばかり（どうせ船には乗れないんだけど）。

　しかし、日本化薬は渡し船以外の点でも楽しめるんだよね、ということで、この話はP102に続くのでした。

[2019年3月取材]

HOJIKURI STREET VIEW THE FUTURE

HOJIKURISTREETVIEWHOJIKURISTREETVIEWHOJIKURISTREETVIEWHOJIKURISTREETVIEWHOJIKURISTREETVIEWHOJIKURISTREETVIEW

路線バスまで走る
この細いトンネル道は何？

course

金沢文庫駅発、柴町行きのバス

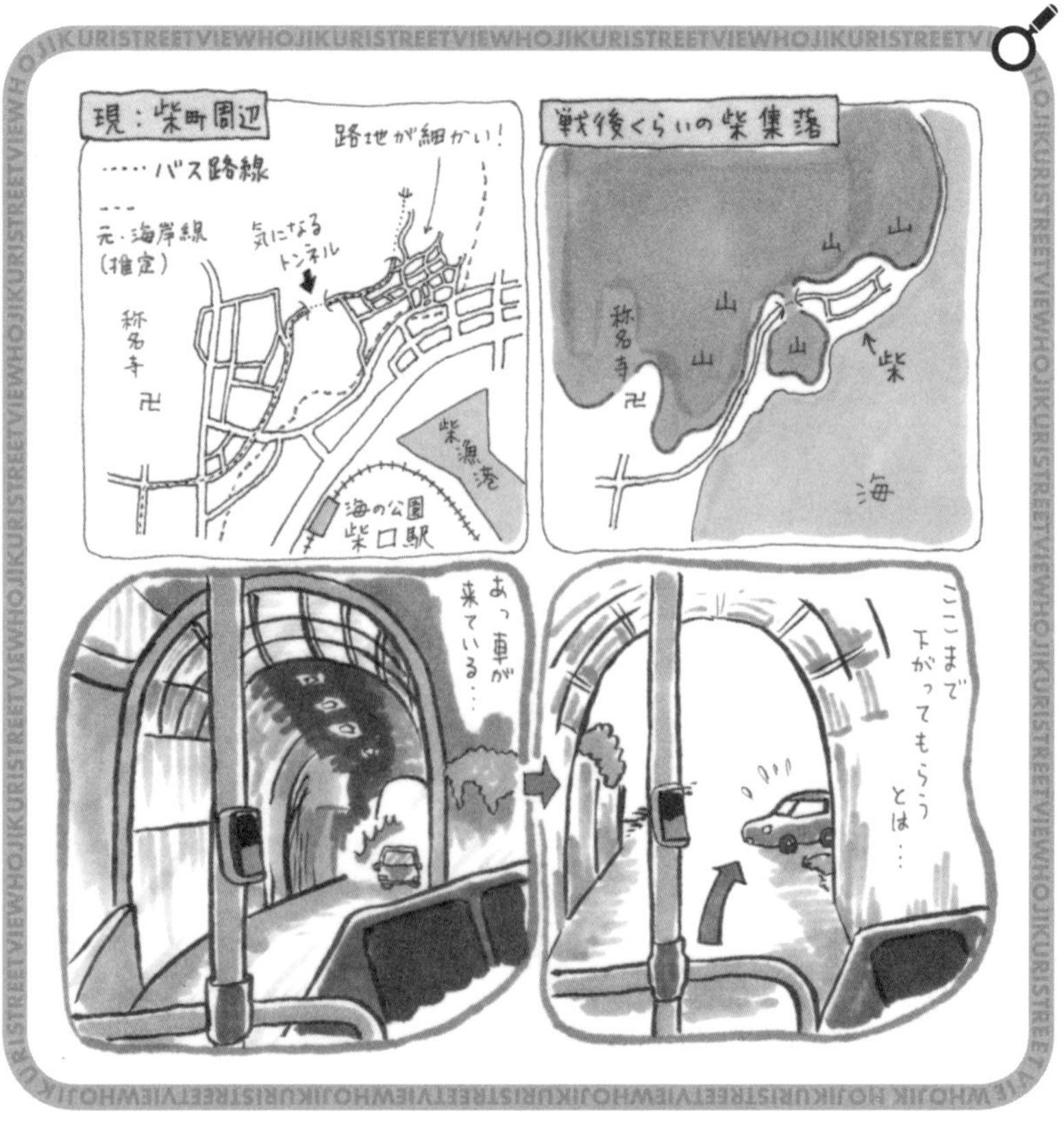

途中めちゃくちゃ狭い！
運転手さんすごい！

いきなり読者の99%が知らない地名をピンポイントで言いますが、今回の目的地は「柴」です。「芝」ではなく「柴」。

元々は、横浜シーサイドラインの「海の公園柴口」駅を見て気づいたことです。この路線には「海の公園南口」と「海の公園柴口」という駅があります。ま、「海の公園」という名の公園があるのは分かる。しかし、「南口」はいいとして「柴口」って何？　と、ふと思ったわけです。南に対して北ではなく「柴」って。

調べたら、柴口駅のほうには「柴」という町があり、そっち側の出口ということらしい。

そこで、なにげなく柴町《しばちょう》の地図を見てみると、変なところにトンネルがある。最寄りの金沢文庫駅方面から柴町に来るには海際の幹線道路を通るのがいちばん行きやすそうですが、ちょっとだけ内陸側の道に、わざわざトンネルを掘って通した道もあるのです。そっちを通ってもさほどショートカットにならないのに、なぜわざわざトンネルを？

細いトンネル道には、路線バスまで走っています。バスを走らせるならなおさら海際の幹線道路のほうが走りやすいはず（実際、海際を通る

海に近づくにつれて山。
ここはトンネルの手前。

ここが
トンネルの先の
柴集落だ。

車が全くすれ違えない細道を進むバス

バスもある）。このトンネル道は何？　で、気づいた。これは古い道だ。海際には道がなかった、というか、海側は埋め立て地で、そもそも地面がなかったのだ！

と、ここまで予想して古地図を見たらやはり正解。現在の柴町＝柴集落は三方を山に囲まれた海辺の小漁村で、陸路で行くにはトンネルを通すしかなかったわけですね。かつてはそれがメインの道路だったから、バスが走るのも当然です。今は海側が大幅に埋め立てられていて、地図を少し見ただけではここが不便な漁村だったとは思えません。しかし、よく見れば埋め立て地の海岸には今でも「柴漁港」があるし、今ではだいぶ内陸に感じられるところに「釣舟店」が現存しています。

だいぶ前書きが長くなりました。今回は、かつてはトンネルを通らないと行けなかった柴の漁村に、歴史を感じる路線バスに乗って行ってみようと思ったんです。

バス停のベンチは
トンネルの中にあります。

終点「柴町」。すごく絵になる不思議な立地。

金沢文庫駅発、「柴町」行きのバスは本数も多く、平日昼なのにシートが埋まるくらい乗客がいます。今でも重宝されている路線のようでうれしい限りですが、途中からずーっと道が細く、そこをごくふつうのサイズのバスが進むのは大変そう。途中、車が全くすれ違えない部分もあります。プロの運転技術が楽しめる路線です。

住宅の並ぶ細道を進んで、海沿いなのに山が見えてきました。思ったよりずっと高く険しい。右にカーブして問題のトンネルに差しかかると、おっと、対向車がトンネルの途中まで来ちゃってます。これは向こうが譲らざるをえない。対向車、かなりバックしてトンネルの手前に戻り、そこの道も細いからさらに脇道にまでバックする。ありがとう、すまんねえ。

バスはトンネルを抜けてなお細い道を進み、これ以上進めないほど細い部分に差しかかるとY字路を左に折れ、また別の細いトンネルに入る手前で終点「柴町」。トンネルの中に待ち合いのベンチがある不思議な光景です。ここがかつての交通不便な漁村、柴だ！

しかし、このバスはここからどう折り返すのだろうか。続く！

[2019年8月取材]

HOJIKURI STREET VIEW THE FUTURE

HOJIKURISTREETVIEWHOJIKURISTREETVIEWHOJIKURISTREETVIEWHOJIKURISTREETVIEWHOJIKURISTREETVIEWHOJIKURISTREETVIEWHOJIKURISTREETVIEW

「向こう」がないトンネル、その先には……？

course

柴町バス停の先のトンネル

折り返して駅（都会）へと帰るバス。哀愁……。

前回の続き。実は今回もっとも気になっていたのは、終点「柴町」のさらに先にあるトンネルです。

地図を見ると、この長いトンネルの出口で道が途切れている。トンネルって向こうとこっちをつなげるものなのに、「向こう」がない。なぜこんなトンネルがあるのか。よく見ると、出口側に家が3軒だけ固まっている。この家は一体何？　現地に行って確かめるしかない！

さて、バスを降りてトンネルの中を歩いていると、さっきまで乗っていたバスが後ろから追いかけてきます。トンネル内にバスの音が重々しく響き、襲ってくるようで怖い。

バスが私を轟音《ごうおん》とともに追い越す……かと思いきや、バスは私の横で止まり、ドアを開けた。

「乗りますか？」

え、いいの？　なんで？　うれしい！

どうやら、「どうせバスも折り返し地点まで行くから」ってことで、サービスで乗せてくれたものと思われます。トンネルを抜けたところの家の住人のために、わりとふつうに行われていることなのかもしれない。

私は営業範囲外（？）のバスに乗り、トンネルを抜けたところで降りました。そこは広場のよ

物々しい
元・貯油施設への道。
本当に公園になるの？

トンネル向こうのギッシリ三軒家。

うになった谷間で、バスはそこで転回してまたトンネルに入り、駅方向へ戻っていくようです。

トンネルの出口横には3軒の家がギュッと寄り添っています。コンクリの土台の上にのっかった、建て売りっぽい家。よくここに建てたなあ。

古きよき漁村のそばに SFを感じる世界が

さて、問題はこの先の道です。古地図を見ると、この謎は少し解けます。昔の地図によれば、トンネルの先は「米軍施設」となっている。なるほど、だから地図ではこんな不自然な途切れ方をしているわけね。実はここ、けっこう最近、2005年になってやっと返還された場所で、現在は「小柴貯油施設跡地公園（仮）」の予定地となっているそうです。

しかし、どうやらまだ公園の整備は進んでなさそう。道は実際には途切れておらず、どこかに続いているのですが、この先は物々しいフェンスで遮られています。奥に見える小

映画でも撮ってほしい最高の眺め。坂上のパーマ屋さん。

貯油施設への道の右、地図にない謎の脇道。

屋は無人だけど、「SECURITY」と書いてあって怖い。遮られた道の右側にはもう一本やや荒れた道がある。この道は地図にない！ 「立入禁止」とは書いてないけど……入っていいの？

おそるおそる進んでみると、途中に鉄柵が登場し、結局進めません。この道は本来、高台にある市民農園に続くようです。

汗だくでトンネルに戻り、元・漁村を探検してみます。凸凹のある土地にたくさんの住宅が並んでいますが、細い路地から見上げると、ひときわ高い崖っぷちにそそりたつ一軒家が気になります。

真下にたどりつくと、その家に直接上がるためと思われる非常に長い鉄階段がありますが、蔦に覆われてまったく使える状態にない。車を使えばやや遠回りだけど坂の上まで到達できるので、わざわざこの階段を上って家に帰ることはなくなったんだろうね……。

古き良き漁村の名残もありつつ、長いトンネルの先の謎の家、元・貯油施設、まるで地球外惑星を開拓したかのような丘の上の市民農園など、どこかSFを感じる柴。観光地として超オススメです。お店は何もないけど。

[2019年8月取材]

HOJIKURISTREETVIEWHOJIKURISTREETVIEWHOJIKURISTREETVIEWHOJIKURISTREETVIEWHOJIKURISTREETVIEWHOJIKURISTREETVIEW

大きなゲートに歓迎されて
楽しいメリーランドへ!

course

メリー工場近くの新井宿踏切

このケーキ風の
半円形テントが
かわいいね。

京浜東北線の沿線で、昔から鮮烈に印象に残る風景があります。大森と蒲田の間の、メリーチョコレートの工場です。

同様に、新大久保のロッテの工場も好きでした。子供にとって身近な会社って、お菓子の会社くらいしかない。だから、車窓から見えるロッテの工場（庶民的なほう）、メリーの工場（ちょっと高級なほう）、両方ワクワクする景色でした。

メリー工場は、「Mary's」というロゴと、上品な少女の影絵の形をしたおなじみのマークが工場の壁に飾られている。子供の私は、その甘くガーリーなチョコレート工場に思いを馳《は》せていました。

都心のロッテの工場は残念ながらなくなってしまったのですが、大森のメリーは健在。ということで、子供の頃のひそかな憧れの場所に行くことにしました。

……と、そのときに周囲を調べていたら、メリー工場と同じくらい、工場のそばの踏切がどうも気になる。現地に行ってみたところ、結果としてそちらがメインになってしまったかもしれない。

さて、メリーはどこの駅からも微妙に遠い。私は大森と蒲田の間に「メリー駅」

踏切、西側から。
こっちが正規ルート
かもしれない。

このゲート、石製かな？かなり頑丈。

の建設を希望します。

蒲田から歩いてとぼとぼ15分、工場や古い住宅が密集する地区の線路沿いにメリーはどーんと立っていました。いくつか建物があるけれど、なかでも入口付近に半円形の装飾テントがたくさん並んでいる古いほうの工場は、その装飾がまるでケーキのデコレーションのようでとてもかわいい。メリーの従業員らしき方々が建物間を時々行き来しています。あのメリーに勤める人たちなんだなぁ……と、つい羨望の目で見てしまいます。

しかし今回はその先の踏切も大事。メリー工場の間の道を北進し、公園の角を左に曲がると……楽しいゲートが現れるのです！

建造物エンタメにワクワクが止まらない！

歩行者しか渡れない、小さな「新井宿踏切」。ここは京浜東北線や東海道線などがひっきりなしに通過する、幅が太くてなかなか危なっかしい場所です。それだけに、注意喚起のために目

西側にある「玉子屋」もなかなか派手です。

立つゲートが踏切の両端に架かっています。ゲートは「踏切色（黄色と黒）」に塗られ、筆文字で「一旦止れ見よ右左」と古めかしい言い回しが力強く書いてあります。

こう書くと物々しい雰囲気のようですが、ゲートがアーチ型をしているせいか、まるで遊園地や幼稚園の入口みたい。警戒心を呼び起こすというよりは「どうぞこちらへ！」と言ってるように見えてしまうのです。なぜかかわいい。

ほかにも踏切周りのあらゆるところが黄色と黒の縞々《しましま》で塗り立てられ、これでもかと危険さが強調されているというのに、ゲートのせいでなんだかワクワクしてしまう。ああ、私はメリー側（東側）から来てしまったけど、これは失敗だったかもね。西側から来て、大きなゲートに歓迎されて、「楽しいメリーランドへようこそ！」といざなわれて東側に渡る……これが正しかった！

駅もバス停も遠くて、正直不便な場所だけど、わざわざ来る価値がありました。今回は触れなかったけど、メリーの線路を挟んだ逆側には「玉子屋」という、これまたド派手な建物もあって、建造物エンタメとしては上々の場所です。

［2018年5月取材］

HOJIKURISTREETVIEWHOJIKURISTREETVIEWHOJIKURISTREETVIEWHOJIKURISTREETVIEWHOJIKURISTREETVIEWHOJIKURISTREETVIEW

これでいいのか？ いいのだ。なんだか嘘みたいな廃線

course

相模大塚駅近くにはみ出した線路

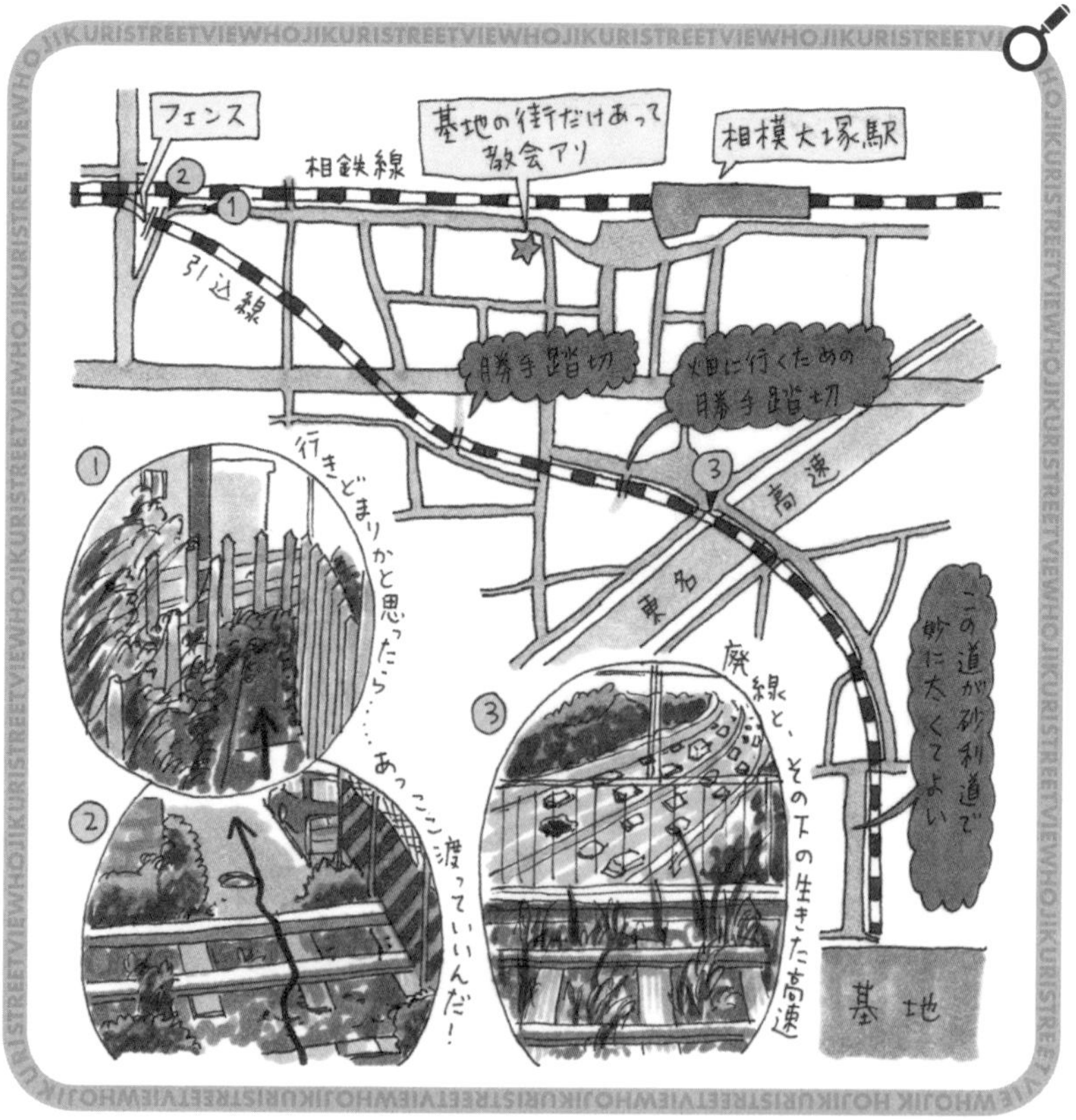

線路脇の木も
こんなに大きく
なっちゃった。

神奈川県の地図で見つけた謎の線路。東西に走る相鉄本線の、相模大塚駅の近くに、ニューッと線路がはみ出した部分があります。線路は厚木基地の敷地手前でブツリと切れています。ま、こういうのは軍関係の引込線《ひきこみせん》だろうと容易に想像できます。実際そのとおりで、98年まで貨物列車用線路として使われていたようです。厳密には「休止線」だけど、実質的には廃線でしょう。

しかし、厚木海軍飛行場の保有だったこの線路敷地は、昨年（2017年）9月末をもってアメリカから返還されました。今後、国有地と民有地・公有地に分けられ、おそらく線路も撤去されてしまいます。その前に見に行かなくちゃ。

相模大塚を降りて南口を西に歩いて行くと、どんどん道が細くなる。行き止まりかと思いきや、ここでいきなり廃線の線路を越えるポイントが登場。踏切も何もなく、楽しませてくれます。一応、本線との間はフェンスで厳重に区切られているけれど、ここだけは平気で廃線の線路内に入れてしまう。これでいいのか？　いいのだ。

そこから線路に沿って基地方面へ。各踏切の遺構はほぼ完全に残っていて、架線すらそのまま。知らずに通ればふつうの踏切と勘違いしそ

この大きな踏切も
二度と動くことはない。

ポップ体の「南関東防衛局」。

バッサリ切れた線路に草生い茂る。

うですが、よく見れば線路に草が生え放題で、踏切の柱にも「廃線／踏切廃止／南関東防衛局」とポップ体で書いてあります。南関東防衛局という名称がアニメみたいで、書体のせいもあってなんだか嘘みたい。

　ほかにも、住人が勝手に作ったと思《おぼ》しき踏切（遮断機も警報器もない）がけっこうあったり、そこに錆びきった「STOP／でんしゃにちゅうい」という看板が立っていたり、なんとも味のある遺構が十分に楽しめます。

　それにしても、線路側にはロープが張ってあって、廃線が決定したのにむしろ線路への侵入に対しては厳しくなっているようです。ちょっと残念。

過渡期らしい独特さ。いつまでもつかな……？

　この短い廃線のファンは多いみたいで、現地に行く前に一般のブログ記事もいくつか読んでいたのですが、それによればちょっと前まではロープ

地元の人の生活道路です。勝手踏切（廃線）。

もう、でんしゃにちゅういする必要はないのさ……。

などもなく、線路には（物理的に）侵入し放題だったようなのです。線路内で写真撮って怒られた元アイドルはここに行けばよかったのに……と思ったけど、今はここでも怒られちゃうね。

基地が近づくとともに英表記つきの看板がいくつか現れ、線路は右にカーブ。大和市と綾瀬市の市境にあたる通りを渡ると妙に広い砂利道になり、右側にはやや古い戸建てが並び、左側の空間にはその家々の車がまちまちに置いてあり、家庭菜園や花壇のようなものもあります。そしてそのさらに左側に、二度と使われない線路が草に覆われて眠っています。

基地の手前で線路は突然切れ、軍用地内には芝が広がるばかり。基地内のレールが撤去されたのも最近のことらしい。

線路そばに立つ看板をなにげなく見ると「ここは国有地です」との主張、そして例の「南関東防衛局」だけでなく「在日米海軍厚木航空施設」の名も併記してあり、ピリッとした気持ちになります。

この独特の空間、たぶんもうあと数年の命です。果たしていつまでこの雰囲気でいてくれるだろうか。変に整備しないでほしいけど……。

［2018年10月取材］

HOJIKURI STREET VIEW THE FUTURE

HOJIKURISTREETVIEWHOJIKURISTREETVIEWHOJIKURISTREETVIEWHOJIKURISTREETVIEWHOJIKURISTREETVIEWHOJIKURISTREETVIEW

8の字の◯の中の土地は どう利用されているか？

course

日本最古の幹線道路の立体交差

道路の真下に出るA1出口。

都営浅草線馬込駅あたりの地図を見ると、駅のすぐ上にはきれいな8の字があります。第二京浜（国道1号）と環七通りが上下で交わる立体交差。「松原橋」と呼ばれています（今はほぼ消えてしまったこのあたりのかつての地名、「馬込村松原」にちなむ名称）。

ま、こういう立体交差は、高速道路などにはどこにでも見られるものです。でも、ここがほかと違うのは、松原橋が日本で初めて作られた幹線道路の立体交差だということです。完成したのはなんと昭和15年、戦前です。このことは、大田区の公式サイトにも明記されています。何気ない顔して、立派な歴史遺産なのです。

ということで、そんな日本最古の立体交差を見に行ってきました。目的地は馬込駅の真上。

駅のA1出口から出ると、ちょうど第二京浜の真下の、陰になったところに出ます。A2・A3出口から出ると、上を走る道路である第二京浜沿いに出ます。駅の構造も、この立体交差をうまく使っている感じです。

さて、私がこういう場所で気になるのは、8の字の2つの○の中の、どうにも使いようのない土地がどう利用されているかです。

第二京浜の下を支える梁《はり》が古そうに見える。

この石柱は
開通当時から
なのでは？

北東部分の○を見に行ってみると、ここは駅前の自転車置き場となっていました。なるほど。妥当な使い方ですね。

南西部分の○を見に行くと、屋根に太陽光発電装置が取り付けられた謎の小屋が立っています。何かと思えば、これはなんと「大気浄化実験施設」らしい。説明板によれば、「汚染された大気を吸気口から吸い込み、プラズマによって一酸化窒素を二酸化窒素に変換したのち土壌層に通し、（略）大気汚染物質を土壌粒子に物理吸着させます。そして、それらの物質を土壌に生息する様々な微生物が分解、浄化し、きれいになった大気を地上に放出するシステムです」とのこと。最古の立体交差のなかに、最新科学（私はよく分かってないけど）の施設が！　確かにこのへん、排ガスはひどそう。

ただ、北東も南西も、○の中の余った土地にはこれでもかと植物が繁茂しています。これだけで排ガスがチャラになりそうです。

なにやら怪しい
小屋が
ありますよ……。

「計測室」で何かを計測しています！

歴史を感じるのに自己主張は控えめな立体交差

上の道から下の道へ下りる歩行者用の階段も3か所ありますが、その片方の途中には謎の銅像が。少々だらしない格好で空を見上げる裸婦像、その名も、三枝惣太郎作の「青雲」。おそらく橋の建設当時からあるんじゃないかな。なぜ裸で空を見ているのか、果たしてこのポーズは「青雲」でいいのか、疑問は深まる……。

そんなこんなで松原橋の周りをだいぶうろつきましたが、見たところ「日本最古の立体交差」という記念碑や看板などはどこにも見つかりませんでした。

たもとにあるランプのついた美しい石柱はおそらく開通当時からのもので、時代を経て味があるし、土台の石積みにも歴史を感じます。もうすぐ80歳になる「老立体交差」、せっかくなんだからもうちょっと自己主張してもいいよねえ。駅名を「松原橋駅」とか「松原立体交差駅」とかにしたらいいんじゃないかな。せっかくの遺産、地元の人にもぜひ愛着を持ってほしいなあ。

[2017年5月取材]

HOJIKURI STREET VIEW THE FUTURE

HOJIKURISTREETVIEWHOJIKURISTREETVIEWHOJIKURISTREETVIEWHOJIKURISTREETVIEWHOJIKURISTREETVIEWHOJIKURISTREETVIEW

どうなったのか、
見届けたいじゃありませんか

course

再開発真っ只中の高輪橋架道橋

ここにはかつて
低い屋根があり
真っ暗だったのだ。

この企画、同じ場所に二回行ったことはありません。しかし今回は、連載の初回に行ったところ（前作・P43）にもう一度行ってみたいと思います。というのも、初回に行った場所は、通称「提灯《ちょうちん》落とし」こと、高輪橋架道橋なのです。

あの「高輪ゲ駅」の開業に伴って、高輪（というか、ほぼ芝浦）は目下大開発中で、あの思い出の真っ暗なトンネルもついになくなってしまうという。となると、その跡がどうなったのか、見届けたいじゃありませんか。

ゲ駅ではなく都バスで泉岳寺前まで行き、あの道へと向かう。途中、なにやらいろんなところがガンガン工事中で、フェンスで囲ってあって物々しい。ポツンと残されている都営浅草線泉岳寺駅の出口だけが古めかしく、この感じはぜひ残してほしいと思う。

まだ少し残る古いビル群の間に、「車町公衆便所」なる看板があります。このへんは昭和42年まで江戸期の車町（芝車町）という町名が残っていて、ここは車町の名を冠す貴重な場所なのです。しかし、このトイレ

屋根がなくなり、
錆色が日に
晒される。

さよなら車町……。

も黄色と黒のバリケードで囲われている。絶滅寸前の「車町」がまた一つなくなる……さようなら………！（涙）

第一京浜から少し線路側に入ったところには、ひっそりと区営団地がありました。その名も「シティハイツ車町」（ここも車町！）。築年が平成10年とそんなに昔じゃないのにこの古い地名を付けた当時のセンスはすばらしい。しかし、この建物も今まさに豪快に解体中です。近くのフェンスには将来、このあたりが大々的に開発された後の予定地図が貼ってありますが、この界隈の「昭和」も「平成」も、根こそぎなくなっていくさまがそこに表されている。無個性な再開発反対派の私としては、ひたすら寒々しい気持ちになります。

日の光に晒された思い出のトンネル

さて、例の地下道にたどりつきました。「4月12日（日）午前10：00から／高輪橋架道橋下区道全線／車両全面通行止」との看板が立っています。

えっ、この道、まだ歩行者は通れるんだ！

正に解体真っ最中の「車町」。

美しくまがまがしい
筆文字、これもかつて地下にあった。

噛みしめながら、トンネルへ。この道にもずっとバリケードが並んでいて、幅はかなり狭くなっています。でも、歩いて通る人はまだまだ多い。トンネルの入口あたりの覆いがだいぶ撤去されているので、日の光の下で、いろいろなものがはっきりと見えます。

かつては道の両脇のコンクリートの壁を、錆と雨だれが作った茶色の不気味なだんだら模様が飾り、トンネルの妖しさを演出していましたが、この壁も急に明るいところに晒《さら》されて驚いているように見えます。真っ暗な壁に貼ってあった汚れた「高輪ガード」の看板も、「蛍光灯を破損した者は厳重に処罰する」と筆文字で書かれた、美しく恐ろしい看板もすべてが陽光の下、あらわになりました。

——地下牢《ろう》に閉じ込められていた君たちは解放され、今きっと日に当たるとまどいと喜びを感じているだろう。でも、おおなんと悲しいことか、君たちの命はもうすぐ潰《つい》えてしまうのだ。私はそれをただ嘆くことしかできない！　日の光がこんなにも恨めしいものだとは！

おお、散歩の神よ、彼らに救いを与えよ……。

[2020年4月取材]

column

3

バーチャル散歩講座

〜コロナ禍の世の中でこもりながらできる散歩とは〜

あ〜〜もう、すっごい逃げたい、散歩したい。どっか行きたい。

——今は未曽有のウイルス禍のせいでみんなが一層そういう気持ちだと思うけど、仕事に追われてこんな気持ちになるときは皆様にもしょっちゅうあるでしょう。私はそんなときに、部屋にいながらにして**ネット上バーチャル散歩**を楽しむのです。紙の地図ももちろん好きだけど、ごく狭い範囲に区切ってものすごく細かく街を見るなら、グーグルマップはとてもいい。

　ということで、このご時世にネットさえあれば誰でもできる、グーグルマップ大散歩を伝授して差し上げます。

クリックした住宅地の道や区画を観察する

　私が勧めるのは、**特に何があるわけでもなさそうな住宅地**を詳細に見る、という楽しみ方。

　例えば、縮尺を思い切り小さくして、ダーツを投げるように東京あたりのてきとうなところをクリックしてみます。はい、実際に今クリックしました。**さいたま市見沼区南中丸**というところになりました。

　……どこなんでしょう。もちろん何の縁もなく、行ったことはありません。でも、いい感じに住宅地に当たりました。さてこの周りを

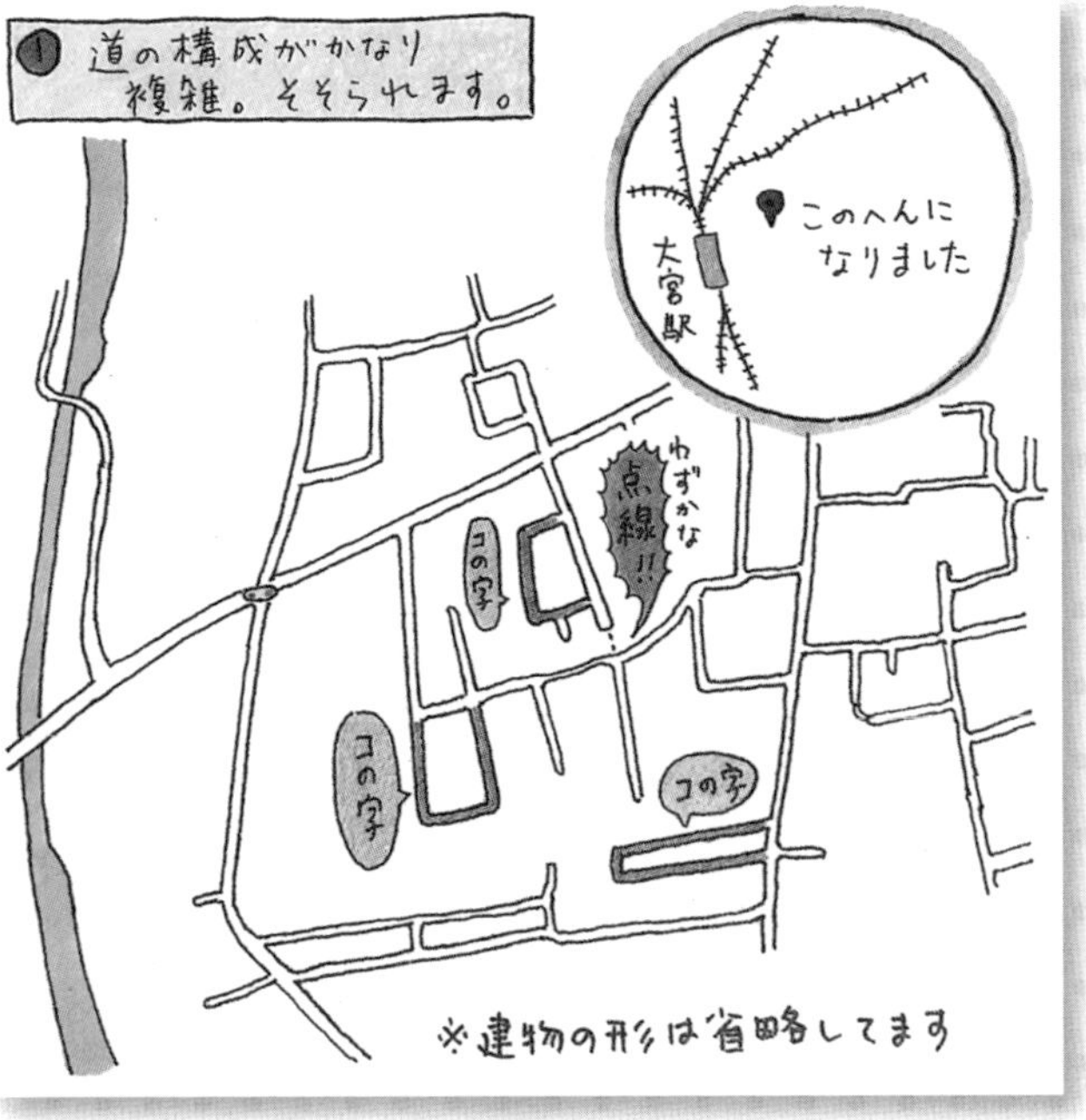

① 道の構成がかなり複雑。そそられます。
このへんになりました
大宮駅
わずかな点線!!
コの字
コの字
コの字
※建物の形は省略してます

点線は階段だった!!
①ストリートビュー
グーグルストビューは
画像が乱れたりするので
なおさら現地を見たい欲が高まる!

散歩してみましょうかね。

大宮駅から東北東へ2キロほど。クリックしたのは南中丸という住所の中でも北西の隅のあたりで、埼玉県道2号線付近、芝川という川のほとり。川向かいには**大宮第三公園**という大きな公園がありますが、それ以外にはこれといって目立つような場所も、ぱっと見で気になるようなお店もありません。

では、まず道の形を見ます。

道は細くておおむね直線で構成されており、明らかに住宅地ですが、**コの字形の区画**や**行き止まり**がやたらたくさんあってかなり複雑です。細かくて迷子になりそうなややこしい街路は、私の経験則からして**昭和50年代以前**に開発された住宅地であることが多い。それはすなわち私の好みの街です。

さらに拡大して街を見てみます。大きな縮尺で見ると、道の太さがかなり正確に表示されます。ちなみに、最も拡大すると**アパートやマンション名**も表示されます。そこから**家賃を調べてバーチャル引っ越し**をする……という楽しみもあるんですけど、今回は省略。

ストリートビューで地形や建物を確認する

さて、さきほどの一角。あまり計画性の感じられない複雑な街路に、一か所だけわずかに**点線で表された道路**がありました。

はい、ここ大事です！

点線は階段やかなり細い私道など、歩行者用の道であることが多いので、散歩趣味にとってはこういうところが見どころです。さっそくここでストリートビューを見てみます。

黄色い**「ペグマン」**（グーグルの人型のアレの正式名称です）を落とすと……え、この点線道路、やっぱり階段だ〜。

地図で見ただけだと分からなかったけど、ここは川沿いだから**傾斜地**なのだった。

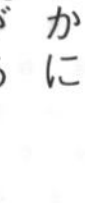

北側が低くなっていて、階段を南側に上がったところを東西に走る細道

[2020年6月号掲載]

はちょっとした**崖線**なのでした。

そんな道に沿って、高台にも谷の下にも住宅が並んでいる。最近建て替えられたと思われる**塀のない2階建て住宅**と、年季の入った**透かしブロック**に囲まれた**築50年近いと思われる平屋**が混在して立っています。それぞれの家に住んでいる想像をして、しばし思いにふける。

階段のある道と平行している東側の道も見てみます。

あれ、ここは道路こそガタガタだけど、左右には建築中の家もあるし、妙に新しい家が多い。そのなかに一軒だけ、**ひときわ古い瓦屋根の家**が生け垣に囲まれて立っています。ここは代々住んでいるかつての農家だろうか。最近になって土地を売ったのかもしれないな……と妄想。

もう少し東を見てみると、家がまばらになっています。航空地図に変えてみると、ああ、まだこのへんには**畑**が残っている。そして、少しずつ宅地に侵食されている畑地の中に、**美しく曲がった道**を発見。これは好物に違いない。

すぐにストリートビューを確認すると、軽自動車一台がやっと通れるような道が畑の中に通っています。アスファルト舗装もかなり古そう。くねりくねりと曲がる道の脇にはしっかりと**門を構えたお屋敷**も残っていて、この一帯の変化を**百年単位で見てきた豪農**なんだろうなあ、とまたロマンを感じてしまう。いずれはこのあたりにも新築の家が建って、この景色も失われてしまうんだろうか。この「くねり」の道は残してほしいなあ。

……なんてことをやっていると、実際に散歩をしているくらいの時間がすぐに過ぎてしまいます。

しかし、もちろんこれはあくまで下調べなのです。これだけバーチャル散歩をしてから、**実際にそこに行って自分の目で見るのがゴール**です。今こそ「いずれここに実際に行こう」という前向きな気持ちでバーチャル散歩しましょう。

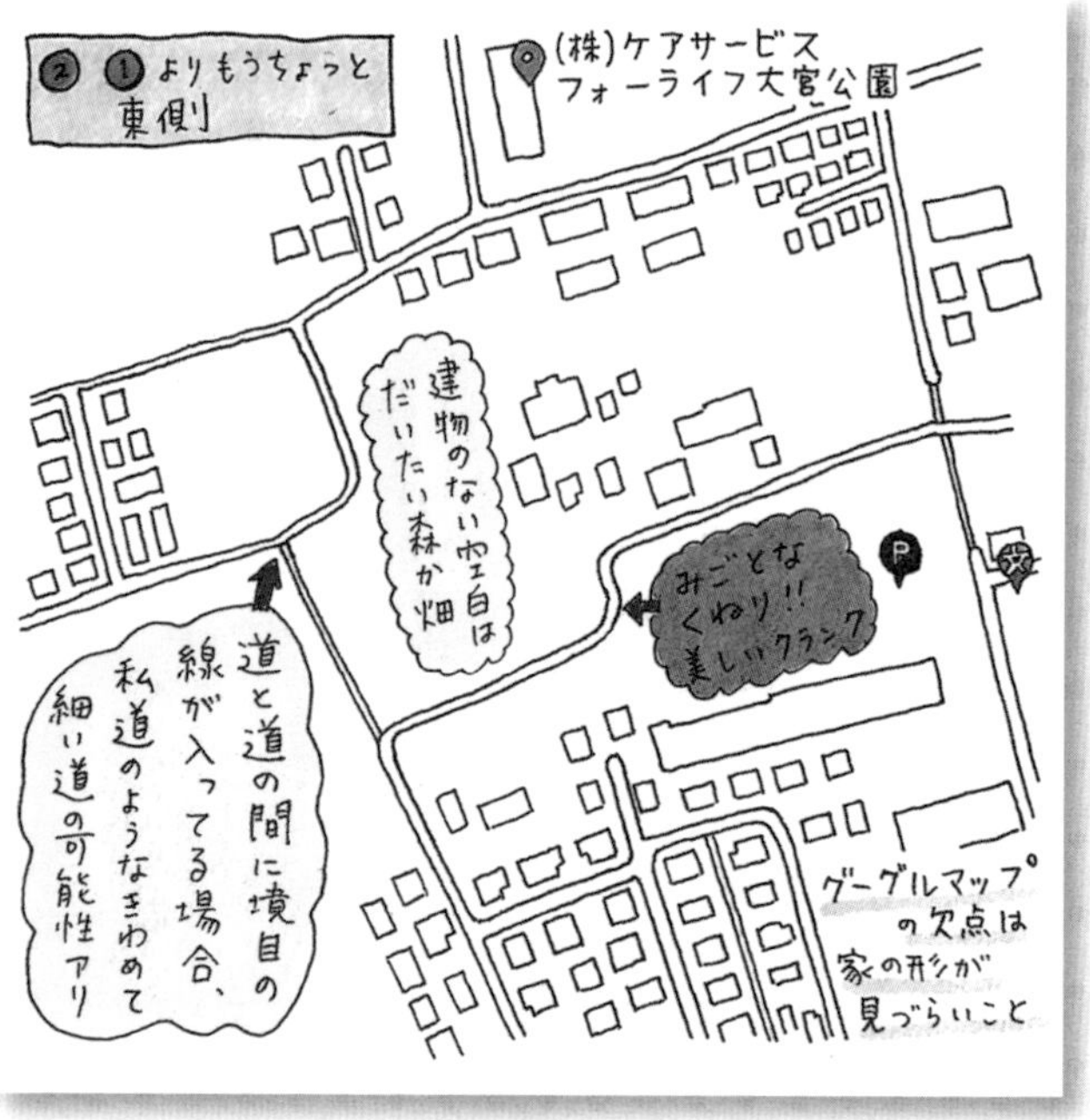
② ①よりもうちょっと東側
(株)ケアサービスフォーライフ大宮公園
建物のない空白はだいたい森か畑
みごとなくねり!!美しいクランク
道と道の間に境目の線が入ってる場合、私道のようなきわめて細い道の可能性アリ
グーグルマップの欠点は家の形が見づらいこと

② ストリートビュー
美しいくねりの道を発見する喜び!!
実際に行きたい…

HOJIKURI STREET VIEW THE FUTURE

能町みね子

（のうまち・みねこ）

北海道出身、茨城県育ち。コラムを書いたり漫画を描いたり。著書に『雑誌の人格』（文化出版局）、『お家賃ですけど』（東京書籍）、『結婚の奴』（平凡社）、『そのへんをどのように受け止めてらっしゃるか』（文春文庫）など。

ほじくりストリートビュー　ザ・フューチャー

2021年12月22日　第1刷発行

著者
能町みね子

デザイン
原条令子デザイン室

地図
ユニオンマップ

DTP
小田光美

発行人
横山裕司

発行所
株式会社 交通新聞社

〒101-0062　東京都千代田区神田駿河台2-3-11
電話　03-6831-6560（編集）03-6831-6622（販売）

印刷・製本
凸版印刷株式会社

ISBN　978-4-330-05921-1